老後のお金に困りたくなければ

今いる会社で“半個人事業主”になりなさい

木村 勝
Masaru Kimura

日本実業出版社

はじめに

「増える70歳以上のシニア破産、身近な転落の経路／現役時は乗り切っても、人生の終盤に落とし穴」（『東洋経済オンライン』２０２３年5月17日）
「特集　低年金サバイバルあなたにも迫る老後格差／ＰＡＲＴ１人ごとではない「貧困高齢」苦しい単身・女性・非正規」（『日経ビジネス』２０２２年2月7日号）
「65歳で『マンション管理人』になって絶望／『定年後の仕事』で大失敗する人たちの共通点」（『週刊現代』２０２２年9月３・10日号）
「部長・課長の残酷 役職定年／給料／出世」（『週刊ダイヤモンド』２０２３年4月1日号）
「中高年〔貧困と孤独〕の実態」（『週刊ＳＰＡ！』２０２３年5月23日号）

ここ最近のビジネス誌、週刊誌の特集記事のタイトルです。

こうしたセンセーショナルなタイトルを見るたびに将来の不安をかき立てられるシニアサラリーマンの方は多いと思います。

もちろん、真に受けてビクビクする必要はありません。

とはいえ、**何の準備もせずに65歳以降ノープランで「そのときになれば、何とかなるだろう」という考えは、これからの時代、ちょっと危険かもしれません。**

貧困状態に陥る、というのは極端なことだとしても、果たして、65歳もしくは70歳以降、年金と貯金の切り崩しだけで、80歳、90歳（もしかしたら100歳!?）まで何不自由なく暮らせるでしょうか？

おそらくほとんどの方が「大丈夫！　老後資金の準備は万全」と言い切れる自信はないのではないでしょうか？

毎月の生活費はいくらくらい必要か？
やはり、何かしら仕事をしないといけないのか？

もし、少しでも心配があるならば、貯金、投資だけでなく、定年後の収入源（どんな仕事で収入を得るかなど）について早めに考え、何かしら手を打っておいたほうがいいかもしれません。

本書では、その解決策の1つとして、**「〝半〟個人事業主」という、定年後のお金に困らないための新しい働き方**を提案させていただきたいと思います。

独立・起業に関する本は多数出版されていますが、ほとんどが「すでに売れる特別な商品（資格など）を持っている」「会社から完全に離れて独立・起業する」ことを前提に話が始まります。

〝半〟個人事業主とは、「今いる会社」と「仕事はそのまま」で「（雇用ではなく）業務委託契約」で働く人を指す筆者の造語です。

業務委託契約（〝半〟個人事業主）であれば、就業規則に縛られることはないので、出社日も自由に設定できます。

空いた時間をほかの仕事や自己研鑽に当てられます。

また、**就業規則の雇い止めの期限も適用にならないので、65歳、70歳をすぎても、同じように働くことも可能になります。**

「本当に、そんなことできるの?」と思われる方がほとんどでしょう。

もちろん、事前準備が必要ですし、「何でも会社にお願い」という会社への依存傾向の強い人などにとっては難しいところがありますが、ほとんどのサラリーマンにチャンスは十分あります。

実際に筆者をはじめ、すでに多くの方が〝半〟個人事業主として働いていらっしゃいます。

本書は、〝半〟個人事業主のメリット、シニアサラリーマンが会社と交渉して業務委託契約を結ぶための具体的な方法、〝半〟個人事業主としての働き方などを実例、データとともにご紹介します。

もし、あなたが65歳以降のキャリア（老後の生活資金、働きがいなど）に少しでも不安を感じているのであれば、その不安を解消させるための1つの選択肢として〝半〟個人事業主という働き方を知っておいていただきたいと思います。

自ら描いた自律的キャリアプラン（〝自分のキャリアは自分で決める〟）を実行し、**「働けるうちはいつまでも働ける」人生を実現する**こと、これが本書のテーマです。

それでは、新たなキャリアへの第一歩を本書とともに踏み出しましょう。

※本書では、「サラリーマン」という言葉を「個人事業主」と対になる言葉として「男女問わず組織と雇用契約を結んで働く人」という意味で使用しています。

今いる会社で「〝半〟個人事業主」になりなさい　目次

序章

シニアの新しい働き方「〝半〟個人事業主」とは？

第1章

55歳になったら「〝半〟個人事業主」を目指そう

第2章
〈ステップ01〉仕込み期
「〝半〟個人事業主化」に向けて着々と準備を進める

第3章 〈ステップ02〉提案期
会社とはどう交渉するのか？

第4章

〈ステップ03〉スタート期

「〝半〟個人事業主」としてスタートを切る

第5章 〈ステップ04〉展開期 「〝半〟個人事業主」から「個人事業主」へのシフトを目指す

番外編

【事例紹介】サラリーマンから"半"個人事業主／個人事業主に転身した人たち

カバーデザイン　植竹 裕（UeDESIGN）
本文デザイン　浅井寛子
イラスト　まつむらあきひろ
編集協力　貝瀬裕一（MXエンジニアリング）

序章

シニアの新しい働き方
「〝半〟個人事業主」とは？

method 01

退職金、年金だけで人生100年時代を乗り切れますか？

２０２２年、敬老の日にちなんで総務省から公表された高齢者の就業率は大きな話題になりました。**65～69歳の就業率が10年連続で上昇し、ついに50％を超えた**のです（最新の２０２３年発表では50・８％）。調査対象の世代は、すでに年金も支給され、企業による再雇用義務化の年齢である65歳を超えている世代です。この世代でもすでに半数以上の人が働いているのです。まさに**「働けるうちは働く」時代の到来**です。

２０１９年には「老後２０００万円不足問題」が大きな話題になりましたが、年金に関する基本的な問題は何も解決されていません。退職金制度も廃止や減額する動きが加速しています。勤続年数を重ねるほど退職金カーブが立ち上がる従来型の退職金制度は、高度成長期には従業員を会社に縛り付ける役目も果たしていましたが、今やそうした役割の退職金は会社にとって足かせです。

団塊の世代（昭和22〜24年生まれ。2023年時点で74〜76歳世代）が60歳で定年退職を迎えた時代には、その時点で子どもは大学を卒業、住宅ローン返済も終え、あとは悠々自適というシナリオが可能でした。年金もこの世代は引退と同時に60歳から支給されていました。実際に定年退職後に配偶者と百名山を登ったり、温泉巡りを楽しんだりしているこの世代の人たちはたくさんいます。

今はこうしたシナリオは崩れています。晩婚化により子どもの教育費用の発生も後ろ倒しになっています。

さらに住宅ローンも重荷です。シニア世代の皆さんの中には、2003年から始まった35年ローン（フラット35）を使って住宅を購入した方も多いのではないでしょうか。2004年に35歳で35年ローンで住宅を購入した方は、2023年で54歳、35年返済まであと16年、70歳まで返済が続きます。

「**少なくとも70歳までは何とか定期収入を確保したい**」というのが、多くのシニアサラリーマンの切実かつ現実的な願いでしょう。**何もしなければ65歳以降は収入に関し**

てノープランになることを〝先の見えるサラリーマン〟は気づいています。

とはいっても「兼業・副業は難しそうだ」「いきなり独立・起業は怖い」「65歳をすぎてからの肉体を駆使するバイトは体力的にもしんどい」というジレンマに悩むのが今のシニアです。

method 02

役職定年、定年後再雇用で給与がどんどん減額される

55歳の役職定年で給与が減額（75%程度に減額になるケースが多い）になり、定年後再雇用で半減というケースも決して珍しくありません。

「日経ビジネス」は2021年1月、40〜74歳を対象に定年後の就労に関する意識調査を実施していますが、そこから明らかになったのは、**定年後再雇用の厳しい現実**です。

調査結果を見ると、**勤務時間や日数については63・5%が、業務量については47・9%が、「定年前と同水準」**だと答えています。「定年前より増えた」という回答も合わせるといずれも半数を超えています。

その一方で、**年収については「定年前の6割程度」という回答が20・2%と最多で、「5割程度」が19・6%、「4割程度」が13・6%**と続いています。「定年後再雇用に

なると仕事量は変わらず、給与だけが5～6割に下がる」という話をよく聞きますが、その話を裏付けるような結果です。

２０２１年４月施行の改正高年齢者雇用安定法により、企業に対して70歳までの就労機会の提供が努力義務化されていますが、**健康状態も仕事への意欲も個人差が大きいシニア社員を全員70歳まで一律に雇用することには企業も及び腰**です。

method 03

シニア、ミドルシニアの起業・副業ブームの実態は？

こうした行き詰まりの状況を打破する方策として起業や副業（含む兼業）が注目されています。連日のように起業・副業に関するニュースがテレビや新聞で流れ、ビジネス雑誌でも毎号のように起業・副業に関する特集が組まれていることは、読者の皆さんもお気づきのところかと思います。

国も起業・副業を積極的にあと押ししています。厚生労働省は、2022年7月に「副業・兼業の促進に関するガイドライン」を改定し、起業やサラリーマンの副業・兼業を積極的にサポートしています。

岸田首相肝いりで始まった「新しい資本主義実現会議」においても、**「日本の将来を築いていくためには、終戦直後に続く第二の起業ブームを起こす必要があり、スタートアップの創出・成長発展のための環境整備に取り組む必要がある」**と、その推進に強い意欲を示しています。

また、企業側の団体である日本経済団体連合会（経団連）も同様です。経団連は、2021年10月に副業・兼業の促進に向けた報告書を発表しています。この報告書では、主にこれから副業・兼業を積極的に活用したいと考える企業の参考となるよう、副業・兼業の重要性や目的を改めて整理するとともに、先進的に取り組んでいる企業事例を通じて得られた効果的な施策などについて取りまとめています。まさに**官民挙げての起業・副業・兼業の推進**です。

マスコミ報道では、サラリーマン全員が起業・副業に足を踏み出しているようにも聞こえますが、実際のところはどうなのでしょうか？　起業・副業に関してはさまざまな調査が行なわれていますが、サラリーマンのみを対象とした調査結果を見てみましょう。

2022年8月にJob総研が公表した「2022年副業・兼業に関する実態調査」では、**全体の21・6％が「現在副業・兼業をしている」と回答しており、89・1％が「今後始めたい」**と回答しています。やはり、コロナ禍を境に副業や兼業が急増しており、副業・兼業を開始した時期を見ると、２０１９年が実施率37・１％に対し２０２２年は74・１％と大幅に増えています。

さまざまな調査結果を見ても、現時点では副業・兼業をしているサラリーマンの割合は２～３割といったデータが多く、まだまだ少数派です。しかしながら、官民マスコミを挙げた推進ＰＲの効果もあり、**「何か始めなければいけない」という〝危機感〟は確実に世の中に蔓延**しつつあります。

この調査では、副業・兼業する理由についても質問しています。副業・兼業を始めた理由として最も多かったのが、**「収入を上げるため」で83・2％**、次いで「時間を有効活用するため」が35・7％、「自身のスキルを向上させるため」が33・6％となっています。また、〝始めたきっかけ〟については**「本業だけでは生活が苦しくなった」が44・1％で、始めた理由・きっかけとも経済的な事由によるもの**になっています。

ネットで起業・副業の事例を検索すると、「趣味とコレクションを兼ねたヴィンテージギターの個人輸出業」「家庭菜園の収益化と自家製食品を製造・販売」「世界で急騰するジャパニーズ・ウイスキー投資」など、さまざまな起業・副業の成功事例がヒットします。コロナ禍を経て起業・副業に興味を持つサラリーマンが増えていることは確かなようです。

こうした成功事例に触れるたびに、**「自分も何かしなければ」と焦りや不安を募らせるシニアや、「自分には副業につながるような趣味もない」「売りになるような特別なスキルも資格もない」と、かえって落ち込むシニアの皆さんも多いのではないでしょうか。**

特に転職経験もなく長年1つの会社に勤め続けてきた、いわゆる「一社専従型」で安定してキャリアを積んできたシニアサラリーマンほど起業・副業のハードルは高く感じるところです。

・起業・副業は若手の事例が多い。そもそもシニアになってから起業・副業ができるのか？

・活躍している事例を見ると「コンサルタントや顧問として活躍」「国家資格を活かして独立開業」「長年、時間とお金を注ぎ込んできた趣味の分野で起業」といったケースが多い。特に目立ったスキルも経験も、また、これといった趣味もない自分にはとてもも無理！

・研修講師、キャリアコンサルタントとして独立してもクライアントを獲得して稼げるようになるまで何年かかるかわからない！　実力も人脈もない自分には関係のない話

筆者のサラリーマン時代のシニア世代の友人・知人には一社専従型キャリアを歩んできた人が多いのですが、周囲を見渡してもシニア世代から起業・副業に踏み出したという話は聞きません。ましてや成功したという事例は、残念ながら寡聞にして知りません。やはり、起業・副業は普通のシニアサラリーマンにとっては縁遠い夢物語に近いのでしょうか？

method 04

シニアサラリーマンにとってベストな働き方は、〝半〟個人事業主

「はじめに」でも述べましたが、本書では、**「今いる会社」**と**「仕事はそのまま」**で**「（雇用ではなく）業務委託契約」**を締結して働く**〝半〟個人事業主**という働き方を提案しています。担当する仕事は基本的に変わりません。会社との契約を今までの雇用から業務委託に変え、出社日数を減らします。減らした時間を準備時間として活用し、ステップを踏んで〝半〟個人事業主から個人事業主へシフトしていくことを考えます。

ベストなシナリオは、多くの企業で役職定年により役割が変わり給与が下がる55歳から準備を開始して、60歳定年のタイミングで〝半〟個人事業主になるというものです。もちろん、60歳から準備を進めてもOKですが、ポイントは「独立」（起業ではありません）までに**5年間の準備期間を確保し、サラリーマン時代の最終期間を徹底的に活用**することにあります。

総務省の労働力調査（2022年）によると、日本の雇用者（＝サラリーマン）は6041万人で就業者に占める雇用者の割合は89・9％です。**9割弱の人が企業に雇われて働いています。**

これを言い換えると、**日本で一番ニーズがある仕事は**、講師や国家資格者のようなスペシャリストの仕事ではなく、**営業や人事、経理など会社の中にあるごく普通の仕事**ということになります。今は雇用されているサラリーマンがその役割をほぼすべて担っていますが、その仕事を雇用ではなく業務委託で担っていくのが〝半〟個人事業主です。

2017年に出版した拙著『働けるうちは働きたい人のためのキャリアの教科書』（朝日新聞出版）でも、こうした〝半〟個人事業主の働き方を提唱させていただきましたが、その当時は副業・兼業解禁の気運も低く、業務委託契約を締結して働くことはまだまだイレギュラーな感覚でした。

しかし、今は違います。企業が副業・兼業を解禁するにともなって業務委託で仕事をすることに対する抵抗感が少なくなっています。

経団連が2022年10月に行なった「副業・兼業に関するアンケート調査結果」を見てみましょう。この調査は、経団連会員企業における副業・兼業に関する取り組み状況やその効果などを把握するために実施したものですが、会員企業の副業・兼業解禁状況だけでなく、社外からの副業・兼業人材の受け入れについても調査をしています。

その結果は、**社外からの副業・兼業人材の受け入れについては、回答企業の30・2%が「認めている」または「認める予定」と答えています。**社外から副業・兼業人材を受け入れることの効果については、「人材の確保」(53・3%)、「社内での新規事業創出やイノベーション促進」(42・2%)、「社外からの客観的な視点の確保」(35・6%)が上位を占めており、企業における必要な人材の確保策として、副業・兼業者の受け入れを図っていることが明らかになっています。

経団連の会員企業は伝統的な大企業が多く、業務は正社員が中心となって担ってきました。かつては、正社員至上主義の色あいが強く、中小企業に比べると雇用(特に正社員)以外の働き方の受け入れについては決して積極的ではありませんでした。しかしながらこの調査からもわかるように、自社の社員に対する副業・兼業の解禁にともない、雇用以外の働き方（＝業務委託）に関しても抵抗感がなくなってきています。電通や健康機器のタニタが積極的に自社社員の個人事業主化を図っていることは有名ですが、**多くの企業で雇用に限らず多様な働き方を柔軟に受け入れるようになっているのです。**

時代は変わりつつあります。筆者も一社専従型のサラリーマン生活（入社以来30年間一度も転職経験はありません）を続けたのちに、（今まで勤務していた会社と直接ではありませんが）サラリーマン時代から関係の深い会社と業務委託契約を締結し、個人事業主として独立しました。

少ないリスクで「指揮命令」を受けない・「時間・場所」を制約されない「独立」という働き方が実現できるのが、〝半〟個人事業主です。

次ページの図序-01、02は、多くのシニアサラリーマンがたどるルートであろう**「今の会社に残り続ける人の収入シミュレーション」**と、これから本書の中で提唱する**「60歳で〝半〟個人事業主化した人の収入シミュレーション」を図示したものです。**

図 序-01 最後まで今の会社に残り続けた場合の収入シミュレーション

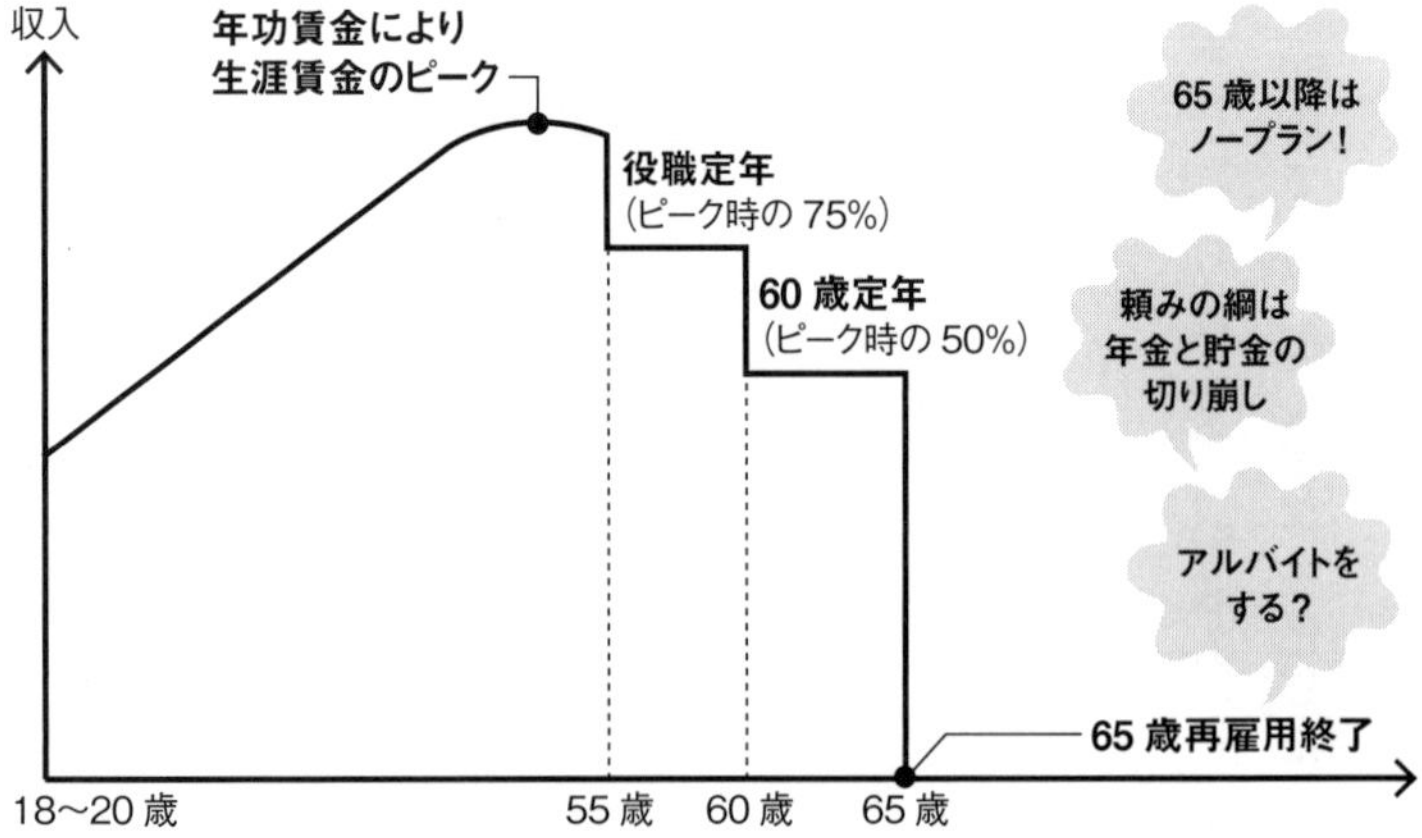

図 序-02 60歳で"半"個人事業主になった場合の収入シミュレーション
(本書で提案する"半"個人事業主戦略をとった場合)

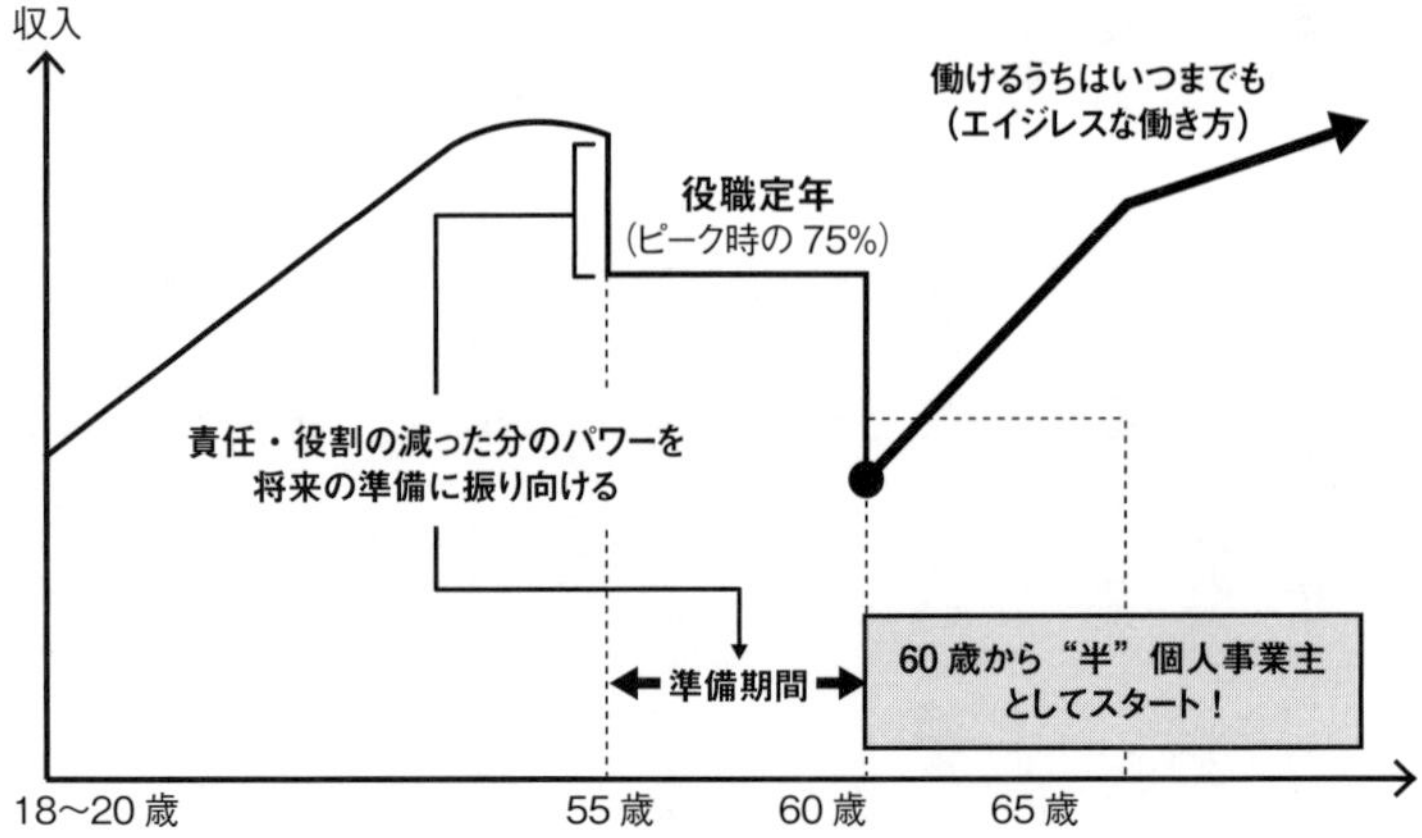

method 05

〝半〟個人事業主戦略vs再雇用

〜65歳以降の収支比較

具体的なイメージを持っていただくために、「半個人事業主」「再雇用」の2つのシナリオに実際の金額を入れてみました。

まずは、前提となる収入イメージです。

令和4年賃金構造基本統計調査の概況（2023年3月17日発表）によると60歳〜64歳男性の賃金平均321・8万円となっています。少々古いデータですが、労政時報「高年齢者の処遇に関する実態調査（2019年11月22日号）」による再雇用後の年収水準平均も321・8万円と偶然にも同額になっていますので、**60歳定年再雇用後の平均的な賃金はほぼこの水準と考えていい**と思います。

再雇用のレールに乗った場合には、65歳までは基本的には増えることも減ることもなくこの水準が続き、65歳で会社の雇用義務はなくなりますので、多くのケースにおいてこの段階で年金以外の収入はゼロになります（70歳までの全員一律での就労を保証している企業はまだほとんどありません）。

これからの時代は65歳で悠々自適というわけにはいきませんので、多くの方がハローワークなどに通い、今までの経験とはまったく関係のないパートタイマー的な業務を探すことになりますが、**仕事にありつけたとしてもその給与水準は厳しいものがあります。最低賃金の時給水準というのが現実**です。

また、65歳以降のパートタイマー的な仕事に、サラリーマン時代の役職、実績、所属企業の規模などは一切関係ありません。大企業の元事業部長であろうが、平社員であろうが、全員同列でのスタートです。**健康で人柄もよく、与えられた仕事を要領よくこなす人がこの市場では要求されます。**

ちなみに、東京都の最低賃金（2023年10月1日以降）は、時給1131円ですので、仮に週5日／月20日8時間勤務をした場合（体力的にも65歳以降の「週5日フルタイム勤務」は現実にはなかなか厳しいものがありますが）で月収17万8000円（＝年収213・7万円）です。

これに対して、本書が提案する〝半〟個人事業主戦略では、60歳以降はフルタイムではなく週3日程度働き、余裕のできた残りの2日間は新規情報・スキル獲得や新規クライアント獲得のための営業活動に充当することを想定しています。

〝半〟個人事業主としてのスタート当初（60歳）の年収は、週3日のサポートで193・2万円（321・8万円×3／5日間＝193・1万円）と、**再雇用よりも減額した形でのスタート**になりますが、65歳までの5年間で今の会社以外のクライアントを増やしていきます。

新規クライアント獲得の時期については個人の状況などに応じて変わりますが、「（大多数のシニアサラリーマンと同じように再雇用のレールに乗っていれば）**やりがいも持てず無為にすごしている再雇用の5年間」を意識的に活用してクライアントを2社、3社と新たに獲得することは決して非現実的なことではありません。**

具体的にシミュレーションしてみましょう。

〝半〟個人事業主となった以降は、2日間の余裕時間を営業活動に充当し、まずは1年間かけてもう1社の業務委託契約締結を目指します（61歳時点）。目標とする業務委託料は、月4回（週1回）のサポートで1社月額20万円（＝年間240万円）です※。

※個人事業主の報酬水準設定に関しては、第5章で解説します。

さらに、次の1年間をかけて（62歳時点）もう1社業務委託契約を増やします。**これで3年目の売上は673・1万円（193・1万＋240万円＋240万円）**となり、まずこの段階で再雇用の給与水準（322万円）をはるかにしのぐ（2倍！）ことができます。

個人事業主の強みはこれからです。再雇用の場合には、先述の通り、多くのケースで65歳で終了になりますが、**個人事業主には雇用のように制度としての終了はありません。65歳以降も、自分が望む限り、体力の続く限り、いつまでも働くことができます。高さではなく面積で稼いでいく戦略です。**

巻末の番外編の事例紹介でもあるように、雇用であれば本来65歳で終了のところを業務委託契約であるがゆえに継続でき、70歳を超えて続けている個人事業主の方もいらっしゃいます。

65歳以降も長年勤務してきた会社との業務委託契約を継続し、さらに2社の業務委託を継続できたとすれば、**673・1万円のベース年収が継続可能**です。

さらに、ここから新たにクライアントを拡大してもいいですし、個人事業主の業務内容をコンテンツ化することによって専門領域のセミナー講師として活躍することも十分可能です。

今度は、支出面を見てみましょう。

総務省「家計調査報告〔家計収支編〕――２０２２年（令和4年）平均結果の概要」を見ると、65歳以上で夫婦のみの世帯の実収入は24万６２３７円、社会保険料などを引いた可処分所得は21万４４２６円となっています。

一方、公益財団法人生命保険文化センターの「２０２２（令和４）年度生活保障に関する調査」によると、夫婦２人で老後に必要な最低日常生活費は23万２０００円、ゆとりのある老後生活費は37万９０００円となっています。やはり、旅行に行ったり孫におこづかいをあげたりもできる、ゆとりある老後生活を送りたいものです。

そのためには、先ほどの可処分所得から考えると、毎月16万４５７４円（37万９０００円－21万４４２６円＝16万４５７４円）が不足します。

この金額ですが、先ほど見た65歳以降にパートタイマー的な仕事にフルタイムで従事した際の給与水準（17万円）とほぼ同額です。もちろん、貯金を取り崩す手もありますが、**65歳以降もゆとりある老後生活をフローで収支を賄うためには、65歳以降も毎日8時間働き続けなければいけません。**

これが〝半〟個人事業主戦略をとり、本来の再雇用期間の5年間のうちにクライアントを、仮に2社獲得できれば、673・1万円（＝56・1万円／月）の収入を維持できます。個人事業主の場合、時間にリンクした働き方はしませんので、**自分で時間をコントロールしながら自分の得意分野で仕事を続け、収入を獲得し続けることができます。**

また、個人事業主は厚生年金の被保険者ではありませんので、収入に応じて年金が停止となる在職老齢年金の支給停止の適用もありません（いくら稼いでも厚生年金は全額支給となります）。

method 06

筆者は30年間一度も転職することなく〝半〟個人事業主になった

ここで筆者のプロフィールを簡単に紹介させていただきます。

1984年に大学を卒業し、バブルが始まる少し手前の時期に新卒として大手自動車メーカーに入社しました。新卒入社から52歳まで30年間、一度も転職することなく会社の転勤命令に応ずるままサラリーマンを続けてきましたが、50歳のときに勤務していた企業がM＆Aとなり、自らに求められる役割も大きく変わったことをきっかけに、2年後の52歳のときに〝半〟個人事業主として独立しました。

会社を辞めるときには、実はこれといったクライアントの当てはなかったのですが、独立の挨拶状を出した、30年間勤務した会社と同じグループの会社（元の会社の人事部の先輩が勤めていた会社です）から3日間だけのスポットでの業務を依頼されたのが独立して初めての仕事でした。

それをきっかけにして6カ月後に再びお声がかかり、今度はスポットではなく週2～3日人事業務をサポートするようになったのが、筆者の〝半〟個人事業主としてのキャリアのスタートです。

独立から10年が経過しましたが、現在は次の4つの領域で仕事をしております。

1つ目は企業人事部でリリーフマン型個人事業主として働く領域です。この部分が本書で取り扱う中心領域になります。2つ目は週1回、国立大学で特任講師（キャリア教育）としての仕事、3つ目はシニアキャリアに関するセミナー講師としての仕事、4つ目はミドルシニアに関する記事やコメント、本の執筆の仕事です。

10年前は兼業・副業もまだまだ解禁にはなっておらず、業務委託で働くことは一般的ではありませんでした。しかし、今は環境が変わっています。

本書では、**転職経験も一度もないごく普通のサラリーマンが個人事業主としての道を歩んでみて実際に経験したこと、困ったこと、あとから振り返ると「こうしておけばよかったな」と思ったことなどを率直に記載**しておりますので、ぜひ参考にしていただければと思います。

人生100年・現役80歳時代に求められるのは、「自分で稼ぐ力」です。シニアからのセカンドキャリアの成否は、「優秀か優秀でないか」ではなく、「事前に準備したか準備しなかったか」で決まります。ぜひ、次章以降で解説する〝半〟個人事業主戦略をお読みいただき、自律的キャリア実現に向けてしたたかにご自身の準備を進めていってください。全面的にサポートさせていただきます。

method 07

本書の構成について

第1章では、〝半〟**個人事業主的な働き方がなぜシニアにとってメリットのある働き方なのか、筆者の体験も踏まえて解説**します。

続く第2章以下では、サラリーマンから個人事業主に**キャリアをシフトしていくための具体的なステップ**を解説します。

まず第2章は「仕込み期」です。〝半〟個人事業主へのキャリアシフトには、サラリーマン時代の事前準備が極めて重要です。サラリーマンとして**在職中の「仕込み期」にはどのような事前準備をしていけばよいのか**について解説します。

第3章は、「提案期」です。第2章で準備した**〝半〟個人事業主として働いていくためのスキームをどのように会社へ提案し交渉していくか**について解説します。会社にも事情があります。人事部の事情もよく知る筆者が、会社も〝半〟個人事業主も両者WIN－WINの関係になるための具体的な提案ノウハウについて解説します。

続く第4章は、「スタート期」です。**〝半〟個人事業主としてスタートを切った直後の留意点**について解説します。トラブルなく〝半〟個人事業主としてスタートを切り、この時期に取り組むべき仕事の基盤づくりに関して解説します。

第5章は、「展開期」です。**〝半〟個人事業主からさらにステップアップし文字通り個人事業主として安定的にキャリアを歩んでいくためのノウハウ**をご紹介します。

最後に番外編として、すでに個人事業主としてキャリアチェンジを果たした先人の事例を紹介します。個人事業主として働くようになったきっかけ、独立して感じたメリットやデメリットなどについて具体例をもとに解説します。

method 08

シニアの働き方戦略の基本コンセプト

筆者はシニアの働き方戦略の基本コンセプトとして次の4つを考えています。

①細く、長く、エイジレス（年齢に関係なく）で

シニアからのキャリアチェンジに「一攫千金」「一旗揚げる」という概念はありません。収入面も一時的な高さではなく、長く続けることで面積として収支が取れればいいという考え方です。

②経験こそ商品

長年培った経験・スキル・知識こそがシニアの財産です。この資産を活用することで若手と差別化をはかります。

③キャリアを複線化

1カ所に依存することなく、複数の関与先と仕事をしていくことを目指します。1カ所に依存しない働き方は、精神的にもストレスフリーで健全です。

④就労形態にこだわらずに多様なポートフォリオを実現する

「雇用」「正社員」にこだわることなく、業務委託、パートタイマー、派遣などの働き方を組み合わせて、目標の収入ややりがいを達成していきます。

〝半〟個人事業主という働き方は、4つの基本戦略にもかなった働き方です。

本書を通じて〝半〟個人事業主化のための知識・ノウハウを獲得していただき、〝半〟個人事業主への第一歩を踏み出していただければと思います。水先案内人として私が皆さんの〝半〟個人事業主への旅のお供をさせていただきます！

※本書では40歳以上のサラリーマンをミドルシニアと呼び、50歳以上のサラリーマンをシニアサラリーマンと呼ぶことにします。

序章のまとめ

・2021年、65～69歳の就業率がついに50％を超えた（50・3％）。まさに「働けるうちは働く」時代の到来（2022年は50・8％とさらに上昇）。

・2021年「日経ビジネス」が定年後再雇用者に行なった調査では、勤務時間や日数については63・5％が、業務量については47・9％が「定年前と同水準」。「定年前より増えた」ケースも合わせると半数を超える。一方、年収は「定年前の6割程度」という回答が20・2％と最多で、「5割程度」が19・6％、「4割程度」が13・6％。「仕事量は変わらず、給与だけが5～6割に下がる」ケースが多い。

・シニアにおすすめの働き方は、「今いる会社」と「仕事はそのまま」で「（雇用ではなく）業務委託契約」を締結して働く〝半〟個人事業主。

・経団連が2022年10月に行なった「副業・兼業に関するアンケート調査結

果」では、回答企業の30・2%が「社外からの副業・兼業人材の受け入れ」を「認めている」または「認める予定」と答えている。

・本書が提案する〝半〟個人事業主戦略では、60歳以降はフルタイムではなく週3日程度働き、余裕のできた残りの2日間は新規情報・スキル獲得や新規クライアント獲得のための営業活動に充当することを想定。

・定年再雇用の給与水準は322万円。一方、〝半〟個人事業主はスタート当初（60歳）の年収は週3日のサポートで193・2万円（321・8万円×3／5日間＝193・1円）だが、2年かけて新規クライアントを2社獲得できれば、3年目の売上は673・2万円（193・1万円＋240万円＋240万円）となる。

・〝半〟個人事業主／個人事業主には雇用のように制度としての終了はない。65歳以降も、自分が望む限り、体力の続く限り、いつまでも働ける。また、年金も減額されない。

・シニアの働き方戦略の基本コンセプトは「①細く、長く、エイジレスで」「②経験こそ商品」「③キャリアを複線化」「④就労形態にこだわらずに多様なポートフォリオを実現する」の４つ。

第1章

55歳になったら「〝半〟個人事業主」を目指そう

method 09

シニアからは「起業」ではなく「独立」を目指す

本書では、55歳で準備を開始して60歳で「〝半〟個人事業主」として「独立」することを目指します。ここで注意しなければならないことは、目指すのは**「起業」ではなく「独立」**です。一般的には「独立起業」と一言で括られることが多いですが、**「独立」と「起業」はまったく別物**です。

筆者は2014年に人事領域の個人事業主として「独立」しましたが、「起業」はしていません。「新たな業を起こした」わけでなく、長年サラリーマンとして会社の中で行なってきた人事業務を「独立」して業務委託契約で請け負っているだけだからです。

一方「起業」という言葉を頭に思い浮かべると次のような考えになりがちです。

・退職金を投入してアパートを一棟買いして週末大家さん（アパート経営）になろう

・大型国家資格を取得して事務所を開こう
・（売り物はまだ決まっていないが）とりあえずネットショップを開店してみよう
・仮想通貨（暗号資産）が話題になっているので仮想通貨投資、マイニングにチャレンジしてみよう
・趣味の蕎麦打ちを習ってこだわりの日本蕎麦屋を開業しよう
・ユーチューバーになろう

どれも夢があっていいと思いますが、なかなかうまくいかないケースが多いのが現実です。なぜなら、今まで経験したことがない分野を想定しているからです。経験のない土俵の上での勝負は、頭が柔らかく体力的にも無理のきく若手との同条件での競争になり、苦戦を強いられます。

また、「起業」の場合は、初期投資が必要なケースが多く、40年近くかかって積み上げたせっかくの退職金を水の泡にしてしまうこともあり得ます。

シニアからは、「起業」ではなく「独立」を目指しましょう。「独立」を目指すにあたってのポイントをまとめておきます。

シニアからの「独立」のポイント

①今まで培った経験の延長で考える
②肉体を酷使する仕事／メンタル的に耐えられないような仕事は避ける
③多額の初期投資が必要な独立は避ける

この3つのポイントについて解説します。

method 10

「独立」でも「起業」でも最も重要なのはクライアントの確保

前項でシニアからの「独立」のポイントについて紹介させていただきました。

3つのポイントを一言で要約すると、**「今の仕事そのままで『独立』するためのステップを徹底的に考え抜く」**ということになります。

「独立」の最大の課題は（当然ですが）**クライアントの確保**です。

たとえば、資格の勉強にのめり込めばのめり込むほど、**「合格して資格を取ればどうにかなる」**という思考に陥りがちです。しかしながら、独立がうまくいくか／いかないかは資格を取ることでなく、**取得後にいかにクライアントを獲得するか**によって決まります。**独立の成否は100％クライアントが確保できるか／できないかで決まる**ことを肝に銘じておく必要があります。

クライアントが期待するのは、**目の前で現実に発生している困りごとの解決**です。漫才のネタではありませんが、通信教育で黒帯を取った空手家に指導を仰ごうとは誰も思いません。**シニアの最大の売りは、30年間、40年間と携わってきた実務経験です。**現場での実践的な問題解決力は、実務経験を通じて培われますので、**人生後半から実務経験のない領域に足を踏み出すことは得策ではありません。**

method 11

シニアからの「独立」では体力・メンタル面で無理をしない

シニア世代と呼ぶことが憚られるほど今の50代・60代は元気です。しかしながら、30代・40代と同じようにはいかず、明らかに身体面で衰えています。たとえ今のところ健康上に大きな問題がないとしても、**肉体を駆使するような仕事や精神的にストレスの大きい仕事は避けたほうが賢明です。**

2022年8月発売の「週刊現代」で、「『ビンボー老後』を招く『65歳の壁』」という特集が組まれたことがあります。筆者もコメントを寄せているのですが、この特集記事では、「稼いでいるのに身体が壊れ、寿命が縮んでいく」悲惨な事例が紹介されています。

シニアからの職業としては、警備、マンション管理、清掃などが思いつきます。マンション管理の仕事の実態を記事からの引用で紹介します。

《朝6時半に出勤してゴミ置き場に溜まっている大量のゴミを仕分けて移動させる。それだけでヘトヘトなのに、終わったら共用部分を上から下まで掃き掃除。昼に一息つけるかと思うと、今度は住民に雑用を頼まれたり「掃除の仕方が甘い」と叱られたり。本社に「あの人はいるだけで何もしていない」とクレームを入れられたときは、さすがに気がめいりました》（週刊現代、2022年9月3日・10日号、P42）

「働くついでに体も鍛えよう」などと考えて、炎天下での交通誘導員など、安易に体力が必要な仕事に就くと、長続きしないばかりかケガや病気を招きかねません。

さまざまな仕事にチャレンジしてみるのはよいことですが、**自分の体力や適性も踏まえたうえで慎重に踏み出す**ことも必要です。シニアになってから体調を崩すことは避けなければいけません。安易に健康のためという考え方は危険です。

method 12

多額の初期投資が必要な独立は避ける

退職金をすべてつぎ込むような**多額の初期投資が必要な「独立」も避けたほうが賢明**です。「起業」ではなく「独立」の場合、ほとんどのケースでオフィス新設の必要はありません。自宅で十分です。〝独立したら（元の会社の同僚が来ても恥ずかしくない）駅前の一等地に立派な応接セットをそろえたオフィスをかまえたい〟と思う方もいらっしゃるかと思いますが、そこは見栄を張らずにガマンです。

method 13

55歳から準備して、60歳で「〝半〟個人事業主」を目指す

前項までシニアから「独立」する際の留意点を説明しました。「果たして上記の3つのポイントをクリアするような『独立』など本当にあるのか？」と疑問に思った方もいらっしゃるかもしれません。

3つの留意ポイントをクリアする方法があります。**それが本書でおすすめする「〝半〟個人事業主」という働き方です。**

〝半〟個人事業主とは、**「今いる会社」**（あるいは、今いる会社と関係が深いグループ会社など）と**「現在担当している業務」**で**「業務委託契約」を締結して働く**働き方です。会社と縁を切ることなく、今までの業務の延長線上で業務を担い、自分の独立の基盤とします。

クライアントは、**〝既納先〟**です。既納先という言葉は、自動車販売会社の営業が

よく使う言葉で、すでに自社の車を使っていただいているお客様のことを言います（今まで他社の車に乗っていたお客様や新たに車を買われるお客様は、〝新規顧客〟と言ったりします）。

今の勤めている会社は、あなたにとって**長年契約を続けていただいている〝優良既納先〟**です。あなたが提供するサービスレベルや人柄、実力まですべて知っています。自動車の営業でも〝既納先〟を逃さないことが活動の最優先になります。既納先をつなぎ止める労力に比べると、新規顧客を開拓することは時間も労力も倍以上かかります。

たとえば、まったく新規のクライアントと契約を締結するためには、次のプロセスを経ることが必要になります。

プロセス①　潜在的なクライアント候補を見つける
プロセス②　自分の提供する商品を理解し興味を持ってもらう
プロセス③　商品を提供する会社として信頼してもらう
プロセス④　商品にお金を払ってもらう

それぞれのプロセスごとに高いハードルがあります。独立（＝新規顧客開拓）が難しいと思われる理由です。準備期間なしに、ゼロから商品を作り、売り込んで契約締結まで持ち込むためには、それなりの時間もお金も体力も必要です。

これが今まで雇用で勤務してきた会社との契約であれば、くどくどとセールストークをしなくても①から④のプロセスを省略できます。

今勤務している会社は、**①優良既納先であり、②あなたはすでに商品を提供しており、③提供する商品レベルについても会社は知っており、④すでに値決めもできています。**

多くのシニア向けの起業本や定年後の働き方本では、**「すでに売れる商品（スキル、ノウハウなど）を持っている」「会社から完全に離れて独立・起業する」**ことを前提に話が始まりますが、実際には30年以上サラリーマンをやってきた人間がいきなり独立・起業するのはハードルが高いです。また、よほどの実力・人脈の持ち主でもない限り、いきなりコンサルタントや講師・顧問などになるのも難しいでしょう。

図1-01　“半”個人事業主の働き方

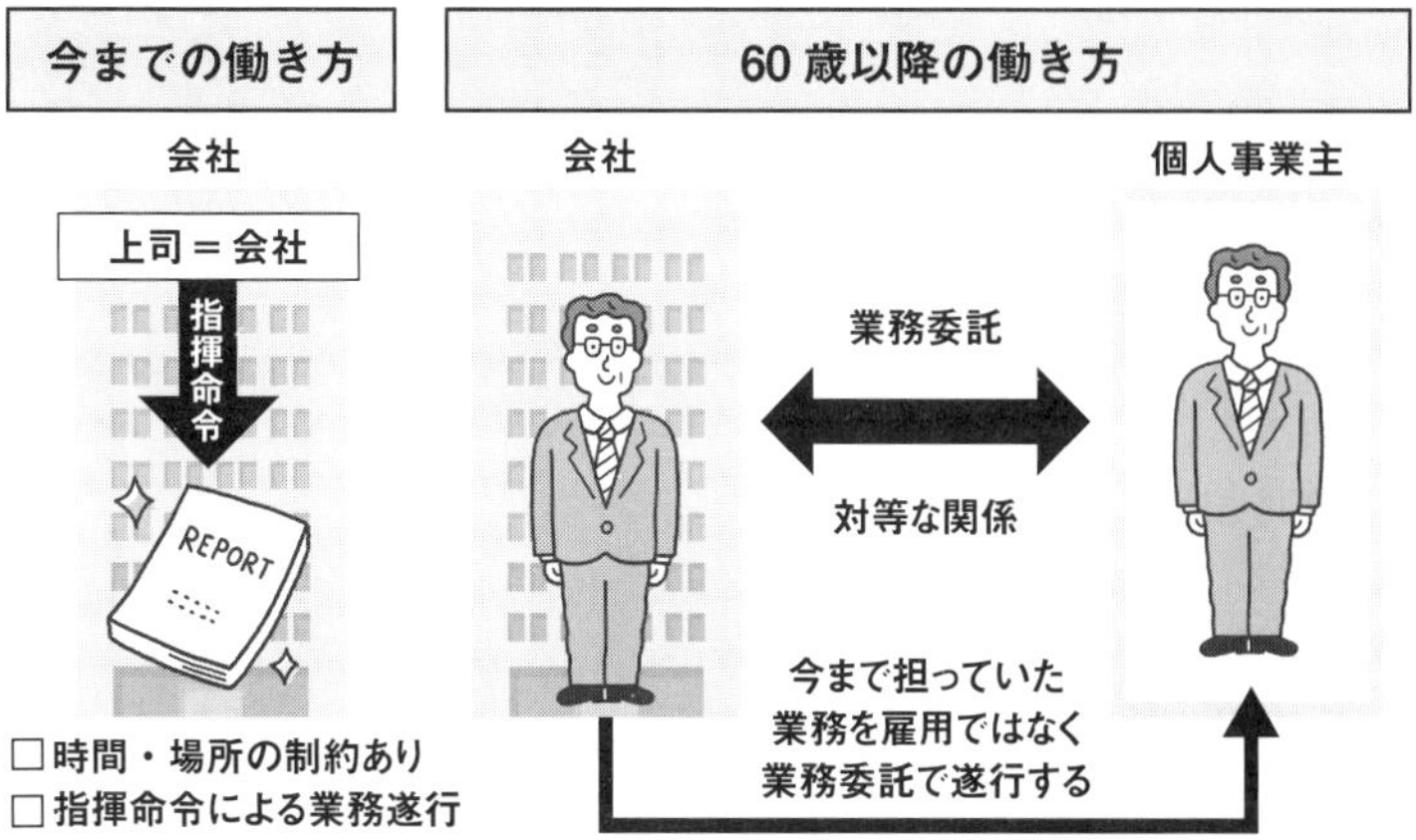

もちろん、十分に時間をかけて準備をすれば、日本のシニアサラリーマンは長年かけて培った目に見えない経験・スキル・知識を持っていますので、実は可能なのですが、軌道に乗るまでにどうしても時間がかかります。

多くのシニアサラリーマンが「独立」に対してどうしても自信が持てずに踏み切れない理由は、このあたりに原因がありますが、この課題をクリアするのが本書で提案する〝半〟個人事業主として独立するシナリオです（図1-01）。

method 14

60歳以降の働き方は現状どうなっているか？

「高年齢者雇用安定法」という法律があります。この法律では、高年齢者が年齢にかかわりなく働き続けることができる「生涯現役社会の実現」を目指して、企業に「定年制の廃止」や「定年の引き上げ」、「継続雇用制度の導入」のいずれかの措置（高年齢者雇用確保措置）を、65歳まで講じるよう義務付けています。

実際の状況は、どうなっているのでしょうか？

66ページの図1-02は、厚生労働省が2022年6月に公表した『令和3年「高年齢者雇用状況等報告」』に掲載されている表です。企業の雇用確保措置の措置内容別に見ると、定年制度の見直し（左記①、②）よりも、継続雇用制度の導入（左記③）を行なうことで雇用確保措置を講じている企業が多くなっています。

①**定年制の廃止は9190社（4・0%）**
②**定年の引き上げは5万5797社（24・1%）**
③**継続雇用制度の導入は16万6415社（71・9%）**

また、**企業規模が大きくなればなるほど定年制度の見直しではなく、継続雇用制度（再雇用）の導入で対応していることがわかります（85・0%）**。

皆さんがお勤めの会社も定年延長ではなく、60歳定年以降は、契約社員（名称は、嘱託、シニアパートナーなどさまざまです）として1年契約を更新しながら65歳まで勤務するケースが多いのではないでしょうか。

こうした法律のもと、定年を迎えた多くのシニアは、「特にすることもないから」「周囲もみんな再雇用で続けるから」といった消極的な理由で再雇用のレールに乗ります。厚生労働省の調査では、**86・6%の人が再雇用**のレールに乗っています。

2021年4月からは、さらに70歳までを対象として、従来の措置（「定年制の廃止」や「定年の引き上げ」、「継続雇用制度の導入」）に加えて、**「業務委託契約の導入」**か**「社**

図1-02　雇用確保措置の内訳

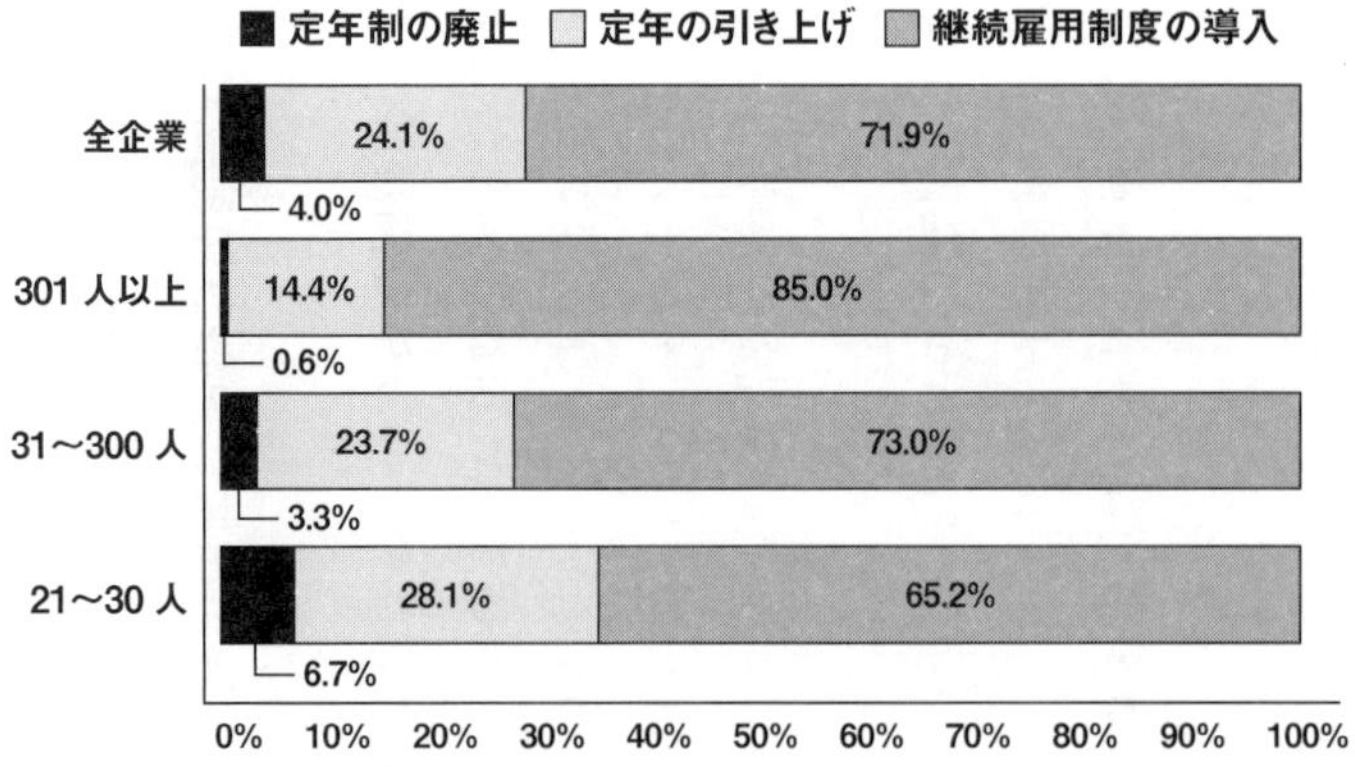

出典：令和３年「高年齢者雇用状況等報告」

会貢献事業に従事できる制度の導入」のいずれかの措置（高年齢者就業確保措置）を講じるように努めることを義務付けています。しかし、**企業の対応はまだまだ様子見状態**です（図1－02）。

「義務」ではなく「努力義務」ということもありますが、企業内で人数的にボリュームゾーンとなっているバブル入社世代（2023年で54～58歳くらい）とそのあとに続く団塊ジュニア世代（2023年で49～52歳くらい）がこれから60歳定年を迎えます。**安易に一律全員を雇用継続とすると総労務費が増加します**。また、65歳以降では健康状態、意欲面でも個人差が大きくなるので、一律の雇用延長には企業も躊躇せざるを得ないのです。

method 15

再雇用ではなく業務委託（個人事業主）がいい理由

先述の通り、現在ほとんどのシニアサラリーマンは、「60歳で定年を迎え正社員としては一度退職、その後65歳までは1年契約の再雇用で契約社員として働き、65歳以降はノープラン」というルートを歩んでいます。

しかしこれからはそうはいきません。働く期間が長期化し、環境変化の幅も大きいVUCAの時代（先行きが不透明で、将来の予測が困難な状態の時代）には、環境変化に耐え得る個人としての「キャリアデザイン力」や「キャリア戦略立案力」が求められます。

会社が敷いたレールに乗り続けるだけでなく、「自分のキャリアは自分で決める」というマインドを持ち、自律的なキャリアプランを作成していく必要があります。雇用というレールから降り、〝半〟個人事業主として独立してキャリアを新たに歩んで

図1-03　求められる自律的キャリアデザイン力

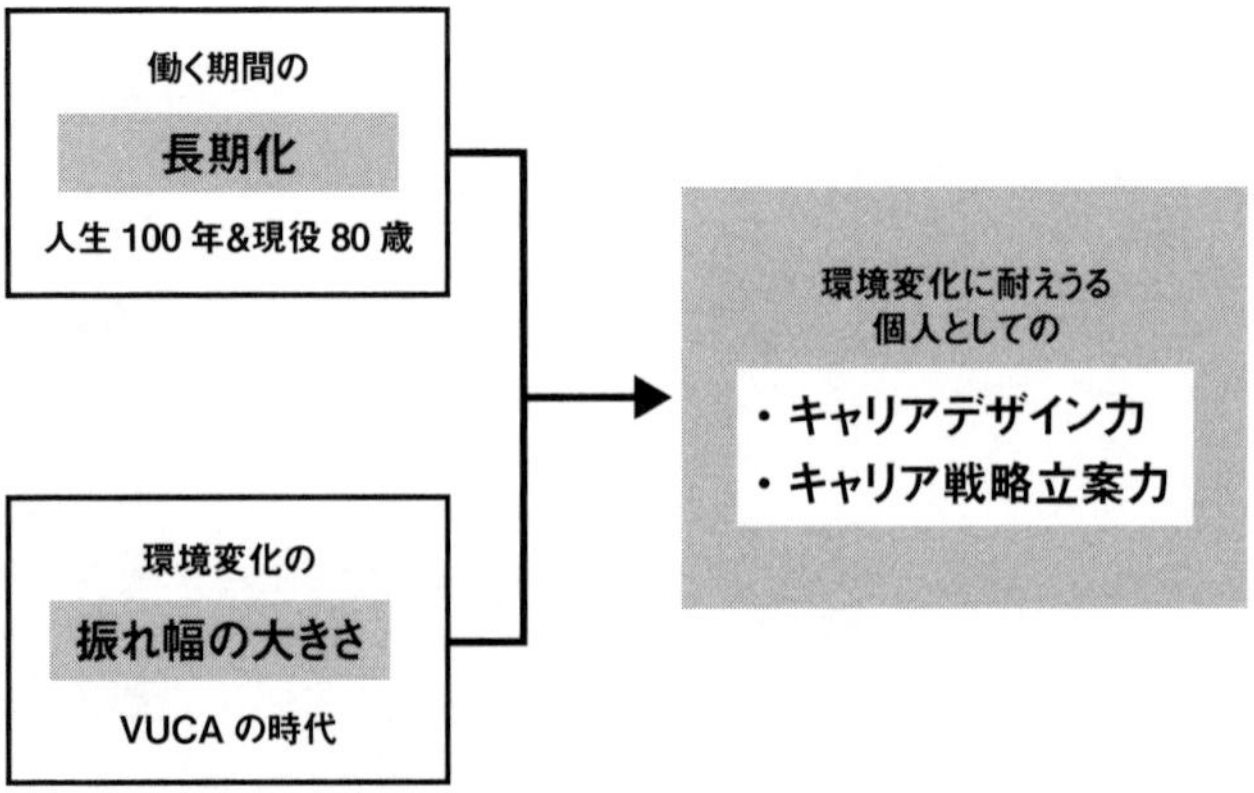

いく選択肢は、こうした時代に適合した働き方の1つです（図1－03）。

個人事業主は労働者ではないので、就業規則は適用されません。厚生年金の被保険者にもならないので、収入に応じて年金が停止となる在職老齢年金の支給停止の適用もありません。契約により、フルタイムではなく週2～3日という働き方も選べます。兼業・副業禁止も適用外になるので、空いた時間を使ってほかの仕事をすることも可能です。また、雇用のように再雇用制限年齢もないので「働けるうちはいつまでも」働くことができます。

今までは雇われて指揮命令を受けて働く「雇用」以外は、例外的な働き方にとどまり、普通のシニアサラリーマンの選択肢として現実的ではありませんでした。しかし、今後は「業務委託契約により個人事業主」として働く働き方に追い風が吹いています。

次にその理由を説明します。

method 16

サラリーマン業務の個人事業主化が進む理由

① 企業における兼業・副業の拡大↓業務委託経験値の蓄積↓抵抗感が薄れる

序章で2021年10月に経団連が公表した「副業・兼業に関するアンケート調査」をご紹介しました（26ページ）。社外からの兼業・副業人材の受け入れを30・2％が「認めている」または「認める予定」という調査結果です。

なお、兼業に関しては、ほとんどの企業は業務委託による兼業・副業受け入れを想定しています。次ページの図1-04をご覧ください。企業は兼業・副業を認めるようになっていますが、認めている副業は、実は上の図の【雇用＋雇用】パターンではなく、下の【雇用＋業務委託】パターンです。【雇用＋雇用】パターンは、労働時間を2社間で通算して残業分を算出する必要があるなど、労務管理が複雑になり、多くの

図1-04　兼業・副業の形態

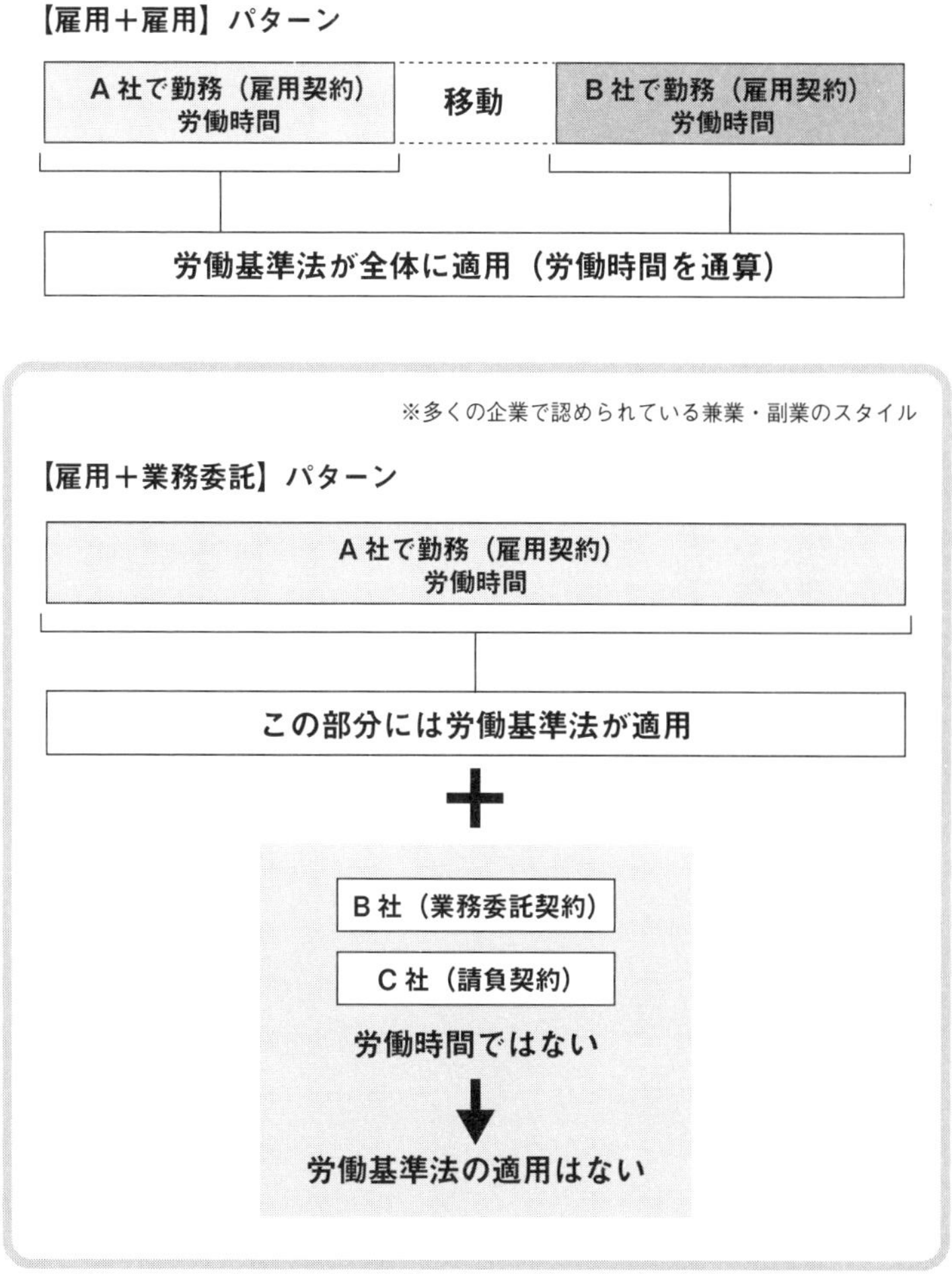
【雇用＋雇用】パターン
A社で勤務（雇用契約）
労働時間
移動
B社で勤務（雇用契約）
労働時間
労働基準法が全体に適用（労働時間を通算）
※多くの企業で認められている兼業・副業のスタイル
【雇用＋業務委託】パターン
A社で勤務（雇用契約）
労働時間
この部分には労働基準法が適用
B社（業務委託契約）
C社（請負契約）
労働時間ではない
労働基準法の適用はない

企業で認めていません。

企業は、【雇用＋業務委託】パターンで自社の社員に対して業務委託による兼業・副業を認めているので、逆の受け入れである「個人事業主に業務委託で仕事を依頼する」ことに対しても経験値を積んでいます。**業務委託に違和感がなくなってきているのです。**

筆者は、２０１４年に個人事業主として仕事を始めましたが、その当時は業務委託での業務遂行に関して企業側も経験値が少なく、「やったことがない」「雇用以外の働き方は想定していない」という企業が多かったのですが、最近では雇用ではなく逆に業務委託での契約締結を求める企業も増えてきています。

特にスポットで「必要な時期に」「必要なだけ」サポートが必要な場合には、雇用契約では柔軟な契約期間を締結するのが難しかったり、必要な時期が終了してもすぐには解約できなかったりするので、業務委託で仕事を依頼するほうがメリットは大きくなります。

また企業は、自社内で役職定年制や再雇用制などを運用し、長年貢献してきたシニア社員に対して〝厳しい処遇〟をしています。こうした状況のもとで、あえて外部からシニア社員を採用する理屈が社内的にも成り立たないというお家事情もあります。

長年会社に貢献してきたシニアの処遇を下げる一方で、同世代のシニア社員を外部から「雇用」で受け入れれば、自社のシニア社員から猛反発を食らうことは明らかです。シニア社員の転職が厳しい理由の1つにはこうした事情もあります。「あの人は違う」という扱いにするためには、「雇用」以外の契約（業務委託など）で受け入れるしか方法がないのです。

②65歳超の働き方として法律で想定されていること（改正高年齢者雇用安定法）

前々項で高年齢者雇用安定法について解説しましたが、この法律では65歳を超え70歳まで就労機会の提供を努力義務化しています。65歳までは「雇用が義務化」されていますが、65歳を超え70歳までの領域では、「雇用にこだわらず業務委託契約を締結する」ことも措置の1つとして認められています。

業務委託での就労機会提供について、**国がお墨付きを与えているようなもの**なので、企業も今後65歳以降の就労機会提供に関しては、雇用だけでなく業務委託契約を締結することが増えてくることが予想されます。

③雇用での一律的継続就労に対する企業側の回避意識

これは、先ほどの②とは表裏の関係にある理由です。この部分は、この章の「60歳以降の働き方は現状どうなっているか？」（64ページ）でも解説した通りですが、健康状況も働く意欲に関してもバラツキのある65歳を超えたシニア社員を全員継続して雇用し続けることに関しては、企業側もネガティブな意識を持っています。

先述の通り、これから定年を迎えるボリュームゾーンであるバブル入社世代や団塊ジュニア世代を全員70歳まで企業内に囲い続けることは現実的に不可能です。

④コロナ禍でのテレワーク経験

今回のコロナ禍は、多くのサラリーマンにとってこれからの自分自身の働き方をあらためて考える大きなきっかけになりました。

各種アンケート調査でも「コロナ禍を経験し、転職への関心が高まった」と答える割合が高まっています。テレワークの経験により、一日中フル稼働していたと思い込んでいた自分の仕事時間の中にかなりの隙間時間が存在することや朝夕の通勤時間の無意味さに気がつきました。

こうした気づきは働く側だけでなく企業側も同様です。社員として雇って会社に来て仕事をしてもらわないと回らないと思っていた業務がテレワークで完結できることに気づきました。今回のコロナ禍で経験したテレワークでの業務遂行は、実質的に業務委託で仕事をやってもらうのと何ら変わらないケースも多いです。

雇用でないと仕事が回らないと思っていた従来の常識が崩れつつあるのです。業務委託であれば、面倒な労務管理からも解放され、残業・休出、年休付与管理も必要ありません。

コロナに関連した出来事は、働き方に関する〝パンドラの箱〟を開けました。こうした経験は、雇用に限らず業務委託という仕事の提供方法があることを企業に知らしめ、業務委託で個人事業主と契約することへの抵抗感をさらに薄れさせています。

method 17

〝半〟個人事業主の類型 スペシャリスト型とリリーフマン型

業務委託で働く個人事業主的な働き方に関する企業の受け入れる条件整備が進みつつあることをご理解いただけたと思います。

「受け入れる条件整備が進みつつあることは理解できたが、〝半〟個人事業主として働くことができる人は、特別なスキルや資格を持つ人だけで営業や経理などごく普通のサラリーマンにはそもそも関係のない話ではないか？」

そう思われるシニアの方もいらっしゃるかと思います。

確かに今までは、専門職的な職種（法務部員や研修講師）や特別な資格・スキルを持つサラリーマン（ＩＴの専門家、公認会計士など）が個人事業主化の中心でした。こうしたタイプの個人事業主を**「スペシャリスト型〝半〟個人事業主」**とここでは名付けます。

「スペシャリスト型」の特徴

・特別なスキルや資格をベースに仕事を行なう
・外部の専門家に依頼することで代替できる場合もあるが、立ち上がりまで時間がかかり、報酬も高額になりがち
・どんな職でも誰でも必ずしも当てはまるわけではなく、職種が限定される傾向がある

ところが最近では、スペシャリスト型とは性格の異なる「リリーフマン型〝半〟個人事業主」に対するニーズも増えつつあり、また、実際に増えてきています。

「リリーフマン型」の特徴

・その会社独自の業務プロセスや用語を熟知し、人間関係も有する。今まで築いてきた実務能力、人柄など信頼感をベースに仕事を請け負う。
・その会社の実務面での即戦力としてその実力をよく知る人からの依頼で仕事を行な

う

・誰かが対応しなければならないその企業でのエッセンシャルワークも対象になる

次ページの図1－05は、〝半〟個人事業主を「スペシャリスト型とリリーフマン型」を横軸に取り、「契約期間の長短」を縦軸に取ったマトリックスです。皆さんが一般的にイメージされる〝半〟個人事業主は、マトリックス左上の「スペシャリスト型×短期契約型」に近く、特別なスキルが必要とされる業務に必要なときに必要な分だけスポット的に専門家として登板するタイプです。これに対して**「リリーフマン型」は、職種に限定はありません。どんな職種でも登板の可能性があります。**

図 1-05　“半”個人事業主の類型

提供サービスの特徴／契約期間	スペシャリスト型	リリーフマン型
	・特別なスキルや資格をベースに仕事を担う ・外部リソースでも代替は可能だが立ち上がりまでに時間がかかり、報酬も高額になる ・どんな職種にも必ずしも当てはまるわけではなく、職種が限定される傾向がある ・他社の同種の業務に対応可能な汎用性が高い業務であることが多い	・その会社独自の業務プロセスや用語を熟知し人間関係も有する。今まで築いてきた実務能力、人柄など信頼感をベースに仕事を請け負う ・その会社での実務面での即戦力としてその実力をよく知る人からの依頼で仕事を行なう ・誰かが対応しなければならないその企業でのエッセンシャル業務も対象になる
短期契約型 （6カ月未満）	**具体的な業務イメージ** ・新卒採用時期限定面接サポート ・短期プロジェクト支援 ・スポット研修講師 ・スポットキャリア面談	**具体的な業務イメージ** ・決算期経理支援（5・6月） ・年末調整対応（12月） ・採用繁忙期サポート（3〜5月） ・育児介護休業欠員サポート（短期休業）
長期契約型 （6カ月以上）	**具体的な業務イメージ** ・客先ITコンサルタント ・客先研修講師（FP業務） ・社内キャリア面談サポート ・企業法務（契約書審査） ・編集者	**具体的な業務イメージ** ・業務全般サポート（何でも屋） ・営業サポート ・育児介護休業欠員サポート（長期休業） ・社内ITサポート（システム保守など） ・特定オペレーションサポート 　・OB会運営 　・研修運営、採用全般

method 18

リリーフマン型〝半〟個人事業主のニーズが高まるこれだけの理由

コロナ禍を経て日本企業の人手不足は深刻な状態に陥っています（次ページ図1－06「人手不足に対する企業の動向調査（2022年10月）」（2022年11月30日公表、帝国データバンク景気動向オンライン）。

その一方、若手層・中堅層を中心に転職者が増え（大転職時代の到来）、その補充ができずに業務遂行に支障をきたしている企業も多いです。**今までは雇用の調整弁的な役割を果たしてきた非正規社員もその活用が難しくなっています。**2013年に行なわれた労働契約法の改正により、5年間契約更新を繰り返した契約社員に対して無期転換権が発生するようになりました。無期転換権とは、「条件を満たした契約社員側から有期から無期への労働契約変更の申し出があった場合には、企業はそれを認めなければならない」とするものです。企業も従来のように正社員よりも低い労働条件で

図1-06　人手不足を感じている企業の割合推移

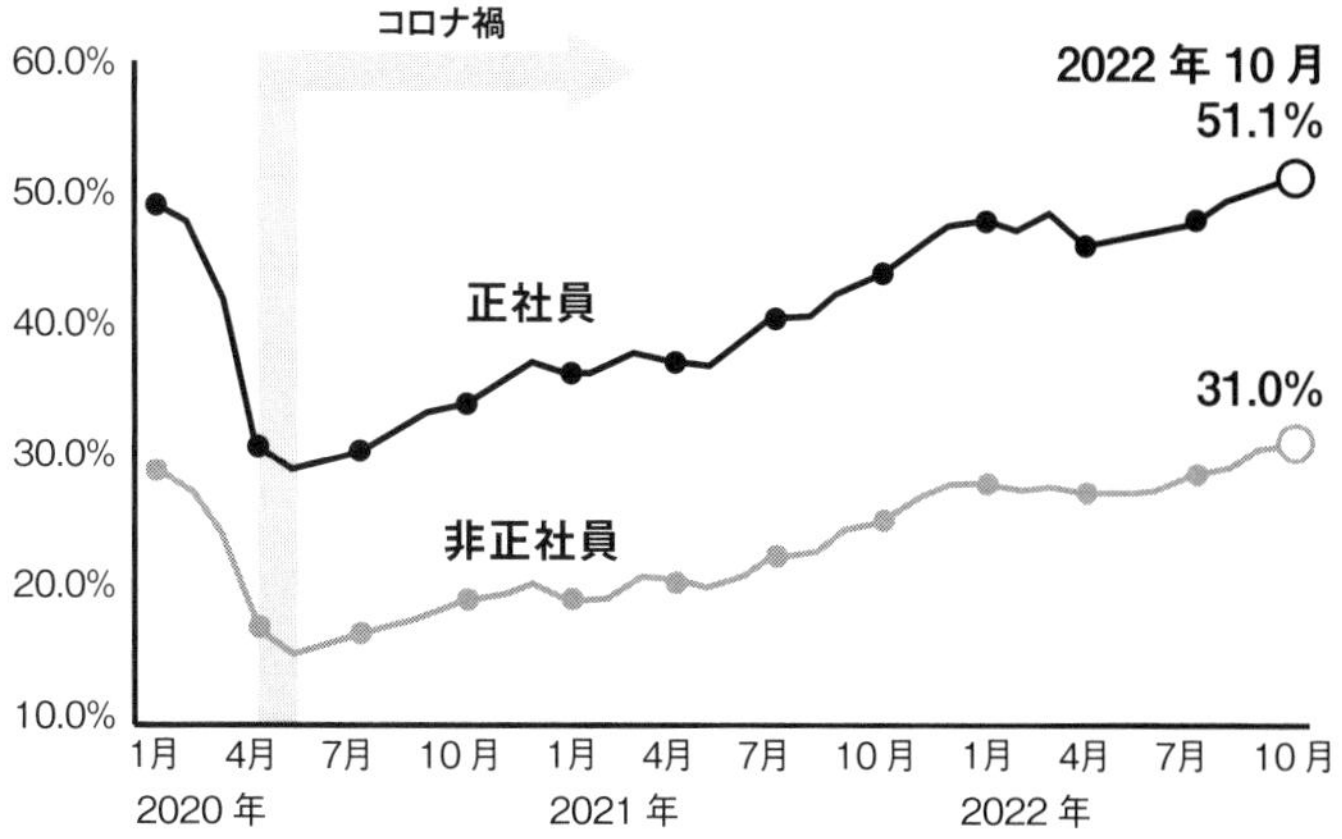

出典：「人手不足に対する企業の動向調査（2022年10月）」
（帝国データバンク景気動向オンライン、2022年11月30日公表）

何年間も都合よく契約更新をし続けるわけにはいきません。

また、派遣社員に関しても2015年の派遣法改正で、同じ職場で3年以上勤務することができなくなりました。このように言葉は悪いですが、企業は**「非正規社員を都合よく利用できなくなっている」**のです。

その一方で企業は、シニア社員の処遇に悩んでいます。環境変化の大きい中、雇用という流動性の低い形でシニア社員を社内に囲い続けることをリスクと考えているのです。「働かないおじさん」問題はその典型的な事例です。

こうした両者間のギャップを埋める担い手となり得るのが、「シニア〝半〟個人事業主」です。今まで培ってきた経験・スキル・知識を活かして即戦力としての活躍が期待できます。シニア側もフルタイムではなく稼働日限定の勤務により、自由な時間も生まれます。指揮命令を受けることもないので、年下上司との微妙な関係も解消されます。

また、育児・介護休業法の改正なども、リリーフマン型〝半〟個人事業主のニーズを高めています。育児・介護休業法とは、育児・介護を理由に労働者が離職することなく、両立しながら働けるように支援する目的で創設された法律ですが、２０２２年には男性の育児参加を支援すべく大きな法改正が行なわれました。

従来の育児休業制度に加えて新設された出生時育児休業は、男性の育児休業取得促進策の１つで、子どもの誕生から８週間以内に最大４週間の育児休業を分割して２回まで取得できる制度です。

こうした環境整備により、これからは男性も育児休業を積極的に取得するようにな

ります が、企業にとって頭が痛いのは**休業取得期間中の工数穴埋め**です。休業終了後に確実に復職してきますので、新たに人を採用して穴埋めするわけにはいきません。取得期間も人によって長期短期バラバラです。

こうした**育児休業で空いた一時的な業務の穴の補てん役がまさにリリーフマン型〝半〟個人事業主**です。社内の事情は熟知していますので、新規採用のように改めて社内制度、ルールを一から説明する必要はありません。また、何十年間もの経験があるので社内人脈も豊富です。特に具体的な指示を受けなくても、超即戦力として育児休業者の穴埋め対応をすることができるのが、シニア〝半〟個人事業主です。

次ページの図1-07は、必要なスキルなどの専門性と業務密度を軸としたマトリックスです。従来、非正規社員が担ってきた左上の領域の担い手がいなくなってきているので、まずはこの領域を誰かがサポートする必要があります。右下の領域も外部から専門家が採用できない昨今、スペシャリスト型の〝半〟個人事業主の活躍場所です。

このように**スペシャリスト型のみならずリリーフマン型の〝半〟個人事業主に対する企業からのニーズも高まっています。**

図1-07　これからの役割分担

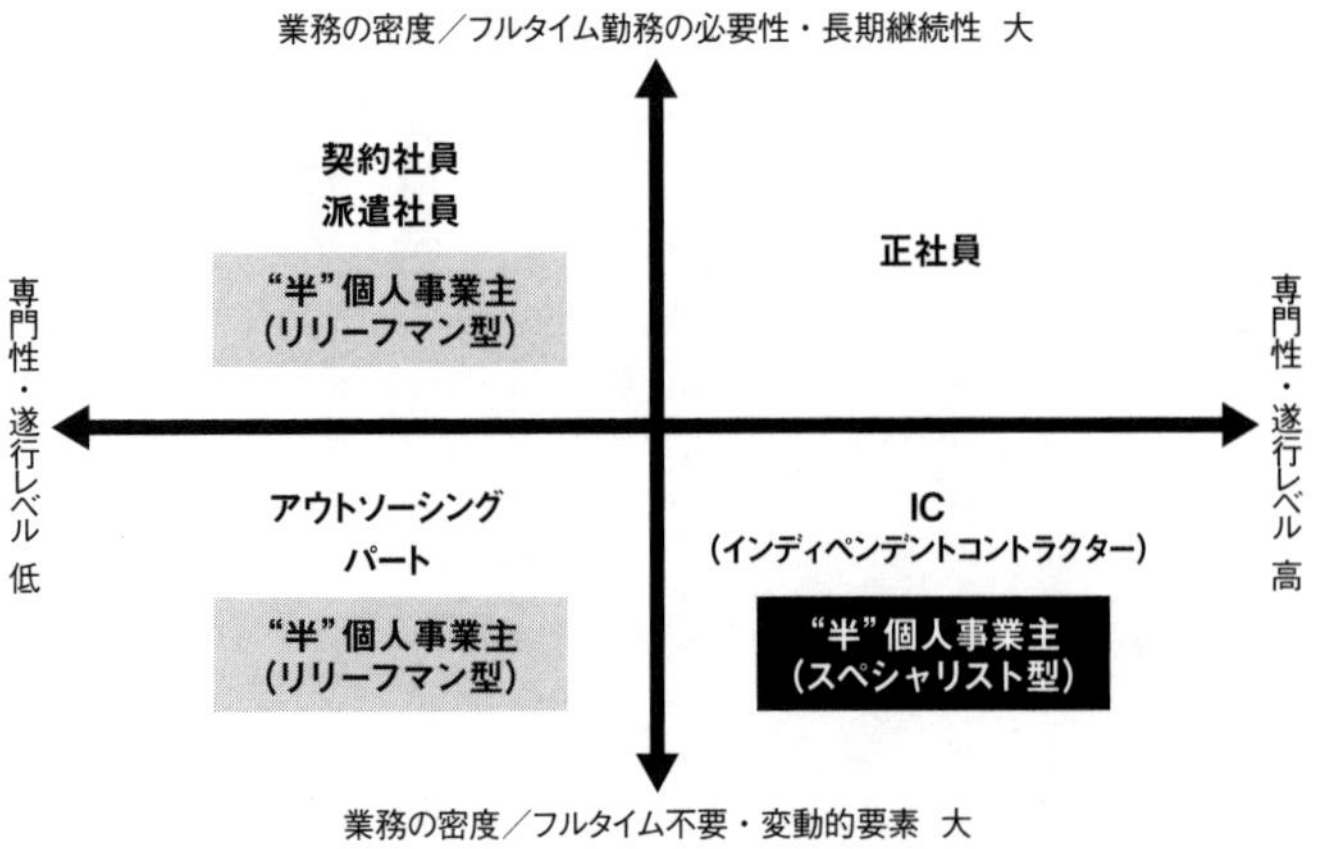
業務の密度／フルタイム勤務の必要性・長期継続性　大
契約社員
派遣社員
"半"個人事業主
（リリーフマン型）
正社員
専門性・遂行レベル　低
専門性・遂行レベル　高
アウトソーシング
パート
"半"個人事業主
（リリーフマン型）
IC
（インディペンデントコントラクター）
"半"個人事業主
（スペシャリスト型）
業務の密度／フルタイム不要・変動的要素　大

method 19

「頼れるリリーフマン」として"半分"独立することを目指すキャリア戦略

企業の栄枯盛衰のサイクルは、急速に短くなっています。「日経ビジネス」（2013年11月4日号）の調査を見ると、会社の寿命（会社が旬な時期をある前提のもとで計算したものです）が1983年の調査では30年だったのに対して、2013年時点では、18・07年まで短くなっているという結果が示されています。30年間で12年も短くなっているのです。

調査の行なわれた2013年以降でも、2015年に国連で持続可能な開発目標（SDGs）が採択されるなど企業を取り巻く環境の変化はますます大きくなっています。

筆者がキャリアの大半をすごした自動車産業でもガソリンから電気への動力源シフトや自動運転対応など、20世紀初頭に登場したT型フォードから100年を超える時代の総変化量を凌ぐほどの大変革の波がこの10年の間に押し寄せています。この会社の寿命ですが、こうした技術革新や人口動態の変化、新興国の躍進などにより、今後さらに短くなることが予想されます。

序章でもご紹介しましたが、65～69歳の就業率が50％を超えました。大卒で入社してから70歳まで48年間もあります。会社の寿命を考えると、これからは生涯同じ会社に勤務することはあり得ません。**誰もがキャリアの途中でファーストキャリアからセカンドキャリア、サードキャリアとキャリアを変えていく必要があります。**

シニアの財産は、今まで培ってきた経験でありスキルであり知識です。この延長線上にファーストキャリアだけでなく、セカンドキャリア、サードキャリアまでを見込んだキャリアの地図を描き、実行していきましょう。

〝半〟個人事業主は、今までの実務の現場に近いところで業務を行なうので、**「現役性」**が維持できることも大きなメリットです。自分の経験・スキル・知識を常にアップデートし続けるためには、現場に近いところで生データに直接触れながら働くことが極めて重要です。知識とノウハウは現場から生まれます。

また、従来の雇用とは異なる〝半〟個人事業主として働きはじめるためには、指示を待つだけでなく自ら動き、提案していく必要があります。企業と対等な関係で契約を結び、指揮命令から独立して働くためには **〝半〟個人事業主としてのマインドセット**も必要です。

〝半〟個人事業主として働いていくためには、準備が必要です。「仕込み期」→「提案期」→「スタート期」→「拡充期〈複業期〉」と着実にステップを踏んでいく必要があります。ぜひ、本書をガイドとして、ほかと代替の効かない〝半〟個人事業主として人生１００年・80歳現役時代を生き抜いていただければと思います。

第1章のまとめ

・シニアからの「独立」のポイントは「①今まで培った経験の延長で考える」「②肉体を酷使する仕事／メンタル的に耐えられないような仕事は避ける」「③多額の初期投資が必要な独立は避ける」の3つ。

・厚労省は、2021年4月からは70歳までを対象として、従来の措置（「定年制の廃止」「定年の引き上げ」「継続雇用制度の導入」）に加えて、「業務委託契約の導入」か「社会貢献事業に従事できる制度の導入」のいずれかの措置（高年齢者就業確保措置）を講じるように努めることを企業に義務付けた。しかし、企業の対応は様子見状態。

・企業は、【雇用＋業務委託】パターンで自社の社員に対して業務委託による兼業・副業を認めているので、逆の受け入れである「個人事業主に業務委託で仕事を依頼する」ことに対しても経験値を積んでいる。業務委託に違和感がなくなってきている。

・〝半〟個人事業主には、専門職的な職種（法務部員や研修講師）や特別な資格・スキル（ITの専門家、公認会計士など）を持つ「スペシャリスト型」と、その会社独自の業務プロセスや用語を熟知し、今まで築いてきた実務能力、人柄など信頼感をベースに仕事を請け負う「リリーフマン型」（人間関係も有する）の2種類がある。

・労働契約法の改正により、企業は非正規社員を都合よく利用できなくなっている。その一方で、シニア社員の処遇に悩んでいる。こうしたギャップを埋める担い手がシニア〝半〟個人事業主。

・従来の雇用とは異なる〝半〟個人事業主として働きはじめるためには、指示を待つだけでなく自ら動き、提案していく必要がある。企業と対等な関係で契約を結び、指揮命令から独立して働くためには〝半〟個人事業主としてのマインドセットも必要。

第2章

〈ステップ01〉仕込み期
「〝半〟個人事業主化」に向けて着々と準備を進める

method 20

会社のニーズを知る

「"半"個人事業主化」戦略では、まずは「今いる会社」（あるいは今いる会社と関係が深いグループ会社など）と雇用ではなく、独立して業務委託契約を結び仕事をしていくことを目指します。そのためには、今の仕事でどのようなニーズがあるかをあらかじめ徹底的にリサーチしておく必要があります。ここではそうしたニーズを見つけるためのポイントを解説します。

今の職場で「こういう仕事をしてくれる人がいたらいいな」を徹底的に考える

今いる職場の困りごとを一番わかっているのは、まさに今そこで当事者として働いているあなたです。今の職場を外部コンサルタントになった気持ちで客観的にながめて「今の職場の課題を解決してくれるこんな人がいればいいな」を書き出してみます。

・外注できるほどの定型業務ではないが、誰かが毎日やらなければいけない仕事がある。この仕事を担当してくれる人はいないかな？
・標準化されておらずマニュアルもない仕事。派遣社員を新たに契約して一から説明するだけで時間がかかる。本当は自分がやったほうが早いんだけど。
・古手やうるさ型の関係者が多く、その人たちと人間関係がある人でないとうまく仕事が進まない。新たに人を雇ってもうまくいかないのは目に見えている。

第1章で個人事業主を「スペシャリスト型」と「リリーフマン型」に分けてその特徴を考えてみました。**上記のような悩みは、「スペシャリスト型」では解決できません。**

「スペシャリスト型」は、一般的に「やるべきことが明確でパッケージ化が可能な仕事」であり、現時点でも外注化が可能な仕事です。具体例を挙げると研修講座の特定領域の講師を頼むようなケースであり、社内に対応できる講師がいない場合には、外部講師を依頼することはよく行なわれています。

また、今回のコロナ禍では、どうしても出社して対応しなければならない、いわゆ

図２-01　“半”個人事業主のニーズ

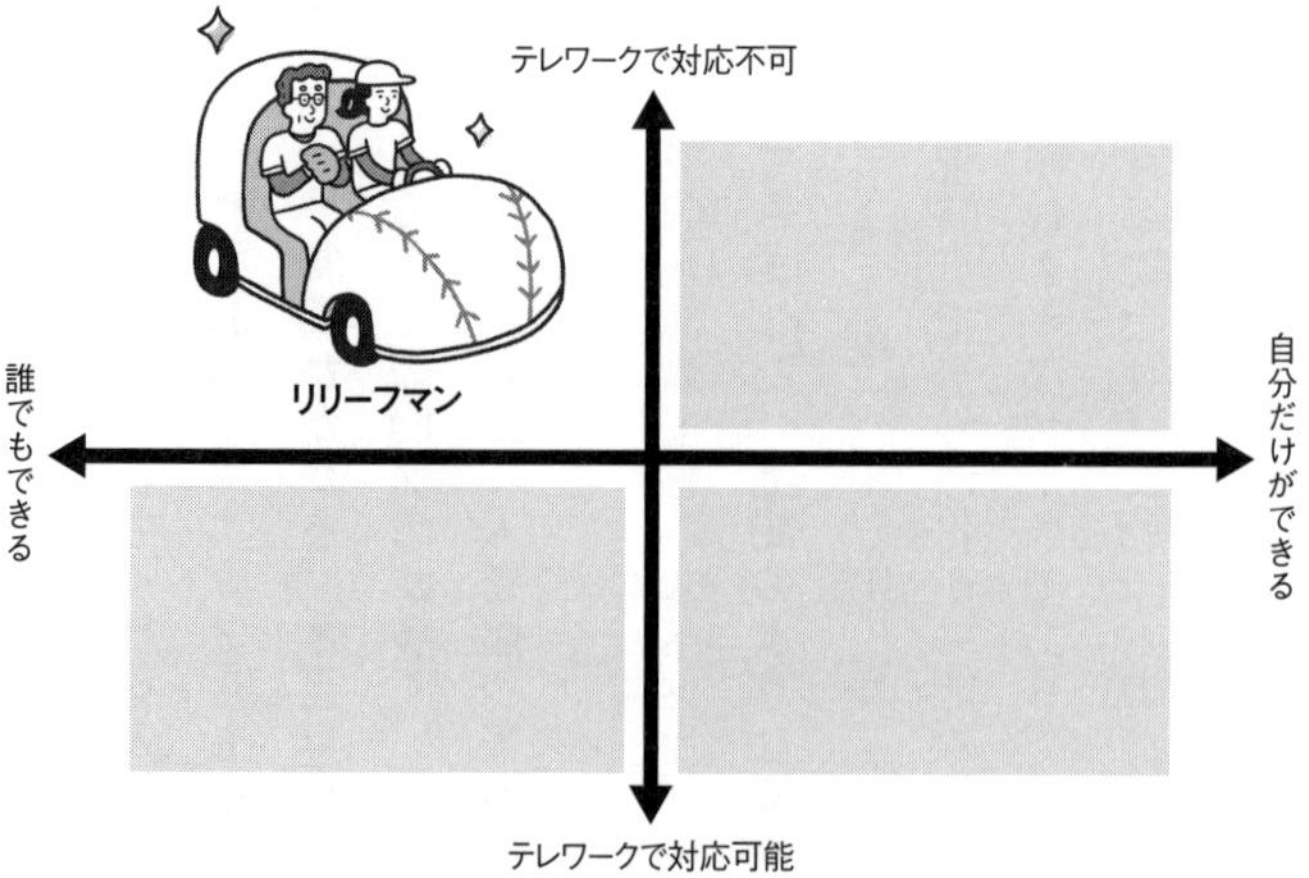

るエッセンシャルワークの重要性に改めて焦点が当たりました。逆に多くのサラリーマンが担っていたオフィスワークは、テレワークでも可能であることが明らかになりました。オフィスワークに関しては、２０２３年に登場したChatGPTなどＡＩの進展により、今後さらに価値が下がっていくことは否めません。

　自らの首を絞めることになるため、大きな声では誰も言いませんが、**「今のオフィスワークは、社員として雇用し、無理に職場に出社してもらわなくてもできる」**ことが明らかになりました。書類作成や企画立案、会議などのいわゆるオフィスワークにこだわることなく、**「一**

見、地味な仕事だけれども外部の人ではおいそれと対応できない業務」という視点も会社ニーズを探るポイントの1つです（前ページ図2－01）。

今外注している業務を取り込むことを考える

多くの日本企業で業務の外転化（企業内で行なっていた仕事を外注化すること）が進んでいます。今までは企業内で行なっていた給与計算などのオペレーション業務があっという間に中国の大連などに移管されるケースがその典型です。

こうした業務請負は「ＢＰＯ（ビジネス・プロセス・アウトソーシング）」とも呼ばれますが、筆者もサラリーマン時代の最後は、こうしたＢＰＯを担う外資系企業に勤務していたので、その拡大状況はよく理解しています。

オペレーション業務の外注化により、費用の低減と、工数を事業運営のコアとなる業務によりシフトさせることがＢＰＯ化の目的です。しかし、なかなか想定していた品質や原価低減効果が出ないケースも少なくありません。

海外などの移管先では、決められたマニュアルに従って業務を進めるので、非定常作業にはなかなか対応できません。また、委託先オペレーターの突然の退職などにより品質レベルが下がったりすることもあります。「自前でやればもっと融通が利くのに！」と皆さん心の中では思っていますが、オペレーションノウハウはすでに移管されており、また、委託元にはそれに対応する工数はもはやありません。

皆さんの職場でも同様な事態が起こってはいないでしょうか？**「高い委託料を払って業務委託しているが、提供されるサービスのレベルにはとても満足できない。実は契約を解除したいのだが、社内にそれを担える人材がいない」といったジレンマ**です。「社内に担える人材がいない」と思いがちですが、実はいます。**それはシニア社員です**。シニア世代は、先輩からOJTで徹底的に一からこうしたオペレーション業務を叩き込まれている最後の世代です。残念ながら今の若手は自分の手で業務を完遂することはできません。やっていることは「ベンダー調整役」というケースも多くなっています。

筆者は人事畑ですが、若い頃は給与計算に間違いがあった場合には手計算で修正するのが当たり前でした。人事だけでなく営業でも総務でも多くのシニアの皆さんは同様な体験をされてきていると思います。

製造現場で問題を解決する際によく言われる**三現主義（「現場で」「現物を（見て）」「現実的に」）に「原理」「原則」「原点」を加えた「ロクゲン主義」で仕事をしてきたのがわれわれシニア世代です。**「なぜこの処理を行なうのか？」「何を根拠にしてこの処理が工程に入っているのか？」「どの法律に基づいてこのような判断しているのか？」など、オペレーションの背後にある意味や目的を理解して仕事をしているシニア社員は会社にとっても実は貴重な存在なのです。

「今は外注化しているが、現状のサービス水準には満足していない。値段も高い」業務もシニア〝半〟個人事業主にとっての〝ブルーオーシャン〟です。今の職場のこうした不満も隠れた会社ニーズを探る視点になります。

転職サイトに登録して今のニーズを知る

転職サイトでは、今企業から求められている旬の人材情報を得られます。

コロナ禍以降「大転職時代」と呼ばれるように人材流動の激しい時代になっています。たとえば、筆者が長年携わってきた人事領域では、採用業務経験に対する人材ニーズが高まっていることが転職サイトをのぞいていると気がつきます。ぜひ、一度ご自身の職種を転職サイトに登録してみてください。自分の専門領域でどのような人材が求められているのかがわかります。**転職サイトは、今の会社ニーズを把握するための貴重なのぞき窓**になっているのです。

転職サイトの「ビズリーチ」のPRコピーに「転職する・しないにかかわらず自分の市場価値を知ることが大切です。あなたもビズリーチで自分の市場価値を確かめてみませんか？」というものがありますが、まさにこの考え方です。

とはいえ、新卒一括入社で大企業に入り、一度も転職経験のないシニアにとって、転職サイトに登録すること自体に抵抗を感じる方もいるかもしれません。「転職サイトに登録したことが会社にバレるのではないか？」「個人情報が洩れるのではないか？」など、終身雇用を前提として新卒から社会人生活を始めたシニア層の中にはこうした意識を持った人がまだいます。

その一方でコロナ禍以前から若手の就労意識の変化は進んでいます。そのことを指し示す調査として日本能率協会が２０１９年度の入社半年・2年目の若手社員に行なった意識調査を紹介します。超若手社員の職場や仕事内容に対する考え、現状の満足度を探るための調査ですが、結果は次の通りです。

- **約半数が転職を検討・活動中で、転職サイトにも登録済み。定年まで勤めるつもりの社員でも6割が転職サイトに登録済み**
- **約3割が「副業・兼業している」と回答。定年まで勤めるつもりの社員のほうが実施率約5割と高い**
- **副業・兼業に興味がある／行なっている理由は、「収入を上げるため」が多数**

すでに若手は、「転職前提」で自らのキャリアをしたたかに考えているとともに常に時代のニーズに向けたアンテナを立てているのです。

シニアも同様な行動を取る必要があります。**これからの時代は、今転職をする／しないにかかわらず、サラリーマンの誰もが転職サイトに登録し、人材市場の風を直接感じることがデフォルトの行動になっています。**

今、世の中で求められている役割に直接的な経験がなくても問題はありません。同じ職種の仕事であれば長年の経験で鼻が利くので、容易に対応スキルの獲得は可能です。再び人事の例で恐縮ですが、今まで採用を主担当として経験していなくても、採用活動のどこがキーポイントであるかは勘が働きますし、どうしても必要な知識・スキルに関しては、意識的に社内でその領域の経験を積むことでほかの職種のシニアが対応するよりも容易に対応が可能です。

今までの自分ができる仕事を少し改良すれば対応できる仕事はいくらでもあります。

立場を変えて考えてみる

今までとは立場を変えて考えてみることも会社の隠れたニーズを探るために有効な視点です。

たとえば、企業のＩＴ部門（情報技術部門／Information Technology）は、ラインの事業部側からの要求に従って社内システムを構築します。営業サイドの無理な納期や要求事項に対してＩＴサイドの人間としては、「営業はシステムをまったくわかっていないな」などとネガティブな思いを抱くことも多々あるでしょう。

こうしたＩＴ領域の経験・専門性を持つシニアが今度は営業サイドに回り、ＩＴ部門との仲立ち役を果たすことを考えます。営業サイドのニーズも、中にいるとリアルにその実状を理解できます。また、長い間ＩＴ部門にいたので、もちろんＩＴサイドの言い分もよくわかります。

次ページの図２‐02は、２０２１年10月に刊行した拙著『ミドルシニアからの日本版ライフシフト戦略』（ＷＡＶＥ出版）の中で示したベテランの役割を示した図です。「立場を変えて考えてみる」という視点は、３つのベテランロールのうち、コネクターの役割にあたります。特定分野で経験も人脈もあるシニアが立場を変え部門間の溝を埋める役割がコネクターの役割です。

大企業ほど部門間の溝が大きく、こうした領域に課題が潜んでいます。両部門に人脈のあるシニアこそこうした課題解決の担い手です。仕事の上流・下流工程間、売る側・買う側など「立場を変えて考えてみる」ことにより、〝半〟個人事業主が担うべき会社のニーズが見えてきます。

ニーズを「見つける」「組み合わせる」「創る」

上記のような視点で会社が求めている業務ニーズを見つけたら、それを組み合わせ

図 2-02　3つのベテランロール（ライフシフトCEO　徳岡晃一郎氏が提唱）

レジェンド（生き字引）	コネクター（世話人）	イノベーター（永遠の開拓者）
・その道の専門家・職人であり、長い歴史を語れる存在 ・専門職、ベテラン、知の宝庫、会社の基盤再構築の役割	・人的ネットワークや人間関係力をベースに、顧客の間や組織内で「ノウフー」「ノウハウ」の達人 ・若手に人脈を紹介したり人間関係での問題を調整する存在 ・顧客維持・拡大、社外講演、キャリアアドバイザー、コラボ先との縁結びなどといった役割	・第一線の若手では賄いきれない案件を中長期的な視点で扱う存在
・国内で培った技術・スキルの海外での実践・指導・継承、後進育成やグループ・関係先へのスキル・ノウハウ・暗黙知の伝承 ・開発品質・サービス品質の抜本的向上やコンプライアンス徹底遵守など、企業としての基盤固めといった分野で活躍	・組織間や顧客との間のトラブルや懸案事項について人間関係を活かした火消し役 ・通常のレポートラインを離れ、全体最適の視点からの提言／ルール徹底指導による組織力強化・活性化／会社を代表して SDGs など社会課題解決に貢献 ・経験と専門性を活かし積極的なロビー活動を通じた国際基準やルール形成への関与	・AI/IoT などの最新技術を用いた業務革新 ・特定分野のエキスパートとして、これまで培った経験・専門性・人脈を駆使した難易度の高い課題解決や業績拡大 ・産学・産産連携、ベンチャーとの共創協創による新技術・新事業の創出といった可能性

自分独自の新たな役割を創ることを考えます。**〝半〟個人事業主は、部や課の枠の制約を受けません**。雇用の場合には、部や課といった部署に属して管理職の指揮命令を受けますが、〝半〟個人事業主の場合には、会社の指揮命令を受けないので自由な動き方が可能です。

いくつかの部にまたがる業務課題を横断的に解決する役割を担うこともできます。各部各課に存在するコロナ禍で明らかになったエッセンシャルワークをまとめて担当するスーパーリリーフマン的な役割も有望です。

個人事業主としての役割は「与えられるのを待つ」のではなく、**自分で創ってしまえばいい**のです。雇用では担えないような役割であればあるほどその希少性は高まります。

人手不足を解消したいが、一方で採用と同時に人件費として固定費化する雇用という選択肢にためらう会社は少なくありません。雇用では対応できない領域はたくさん存在します。こうした領域をターゲットとして自分から提案していくことで自分のポジションを確保していくこともこれからの〝半〟個人事業主の取るべき戦略です。

method 21

自分の武器（商品）を磨き上げる

〝半〟個人事業主として活動するために必須な提供サービスの明確化

これから〝半〟個人事業主として踏み出していくためには、次の事項をはっきりさせておく必要があります。それは、〝半〟個人事業主として、**「①誰の問題を解決するか？」「②どんな問題を解決するか？」「③どのように解決するか？」**です。

この3つの問いに対して答えをはっきりさせることにより、「〝半〟個人事業主としてクライアント（会社）に対してどんなサービスを提供するのか」という自分の売りものが明確になります。

サラリーマン（雇用）の場合には、会社が社員に対して「この仕事をやってくれ」という上から下への業務命令に基づき仕事がアサインされ、管理職の指揮命令を受け

図2-03　サラリーマンと個人事業主の違い

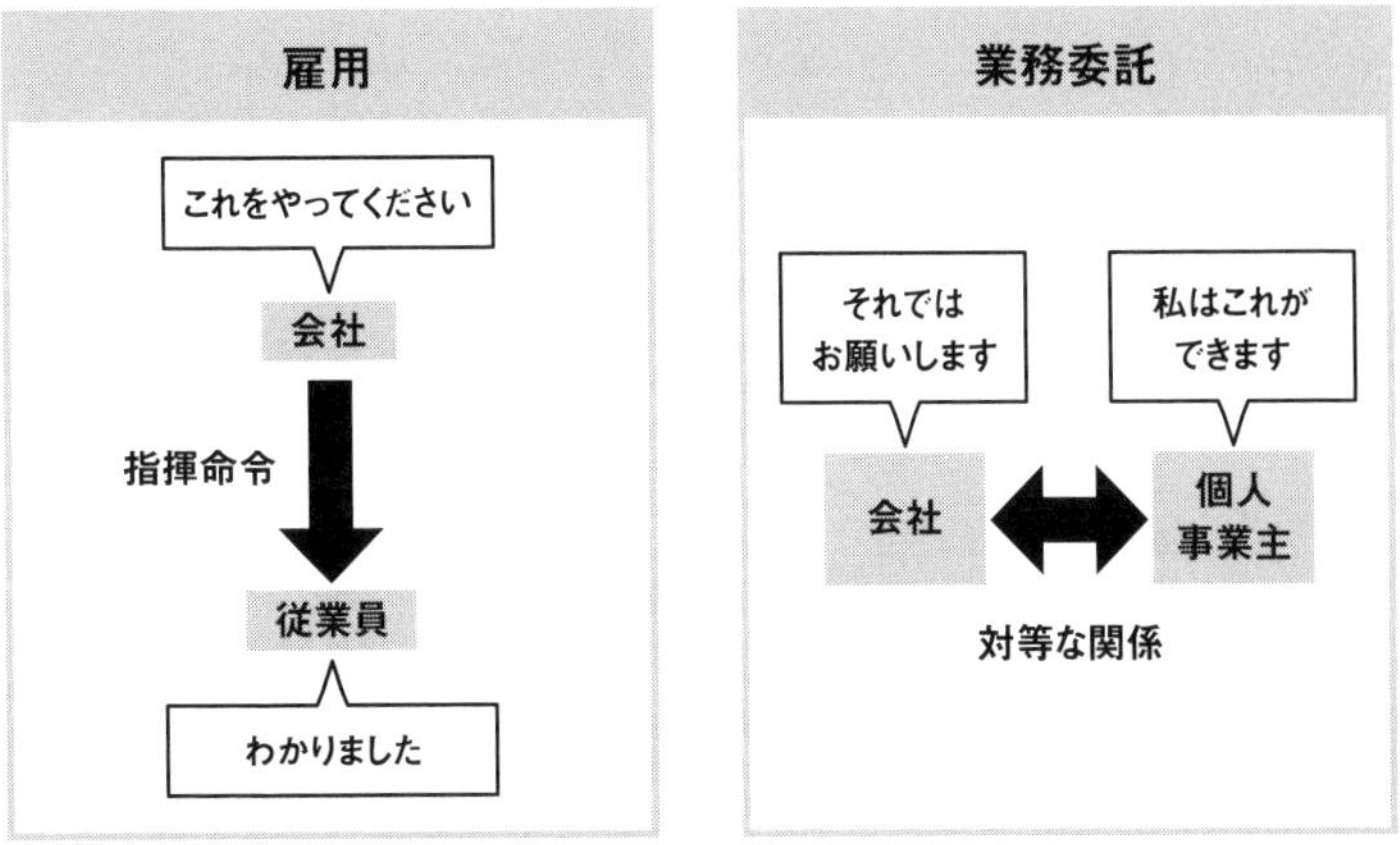
雇用
これをやってください
会社
指揮命令
従業員
わかりました
業務委託
それでは
お願いします
私はこれが
できます
会社
個人
事業主
対等な関係

ながら業務を遂行します。サラリーマン側から自分は何ができるかを自ら「見える化」し積極的にPRする必要はありません。

これに対して、〝半〟個人事業主は会社と対応な関係で契約を結んで仕事を行なうので、個人事業主側から「私はこれができます」と商品・サービスを提案していく必要があります。**会社と対等な立場で契約を結んで働く〝半〟個人事業主は、自分が提供できる商品を明確にしていく必要があるのです。**会社が個人事業主からの提案を了承し、「それではあなたに仕事をお願いします」ということで契約を締結するイメージです（図2－03）。

図2-04　人事インディペンデントコントラクターとしてのサービス　「見える化」

誰の問題を解決しますか？ （願望を実現しますか？）	□人事の専門家がいない中小企業の経営者 □人事部員の育成がうまくいっていない人事部長
どんな問題を解決しますか？ （願望を実現しますか？）	□待ったなしで対応する必要がある人事制度改定 □人事部員の専門性向上（知識・スキル・スタンス）
どのように解決（実現） しますか？	□雇用ではなく「必要な期間・必要な領域」だけ 専門的に対応するIC（インディペンデントコントラクター） サポートにより課題を解決

↓

つまり、それは…… （肩書・職業）	□人事部長の右腕役 □貴社総務人事部の頼れる水先案内人

上の図2－04は、筆者が現在担っている個人事業主としての2つの役割を3つの問いに答える形で整理したものです。これが現在、筆者が個人事業主としてクライアントに提供しているサービスそのものであり、そこに冠された肩書は筆者のキャッチフレーズにもなっています。

〝半〟個人事業主としてその提供サービスを担える力があることの明確化

前項で提供サービスを明確化する必要性を解説しましたが、そのサービスを担える力が自分にあることを会社に納得してもらう必要があります。今までと同じ会社で〝半〟個人事業主として働くケースでは、会社は自分の実力、経験を知っています。しかし、これから〝半〟個人事業主からステップを踏んで個人事業主として幅広く活躍していくためにも、きちんと自分のできること・得意とすることを「見える化」していくことが必要です。

その際にまず行なうべきことは徹底的な「キャリアの棚卸」です。キャリアの棚卸とは、「ある時点における自分に身についたスキル、知識、経験、資格、ノウハウ、マネジメント力など、保有する自己資産の種類・数・レベルを確認し、その価格を評価する」ことです（次ページ図２－05）。

キャリアの棚卸のやり方は、２０１９年に出版した拙著『知らないと後悔する定年後の働き方』（フォレスト出版）で具体的に解説しています。ぜひご参照ください。ポイントは次の通りです。

図 2-05　「キャリアの棚卸」とは？

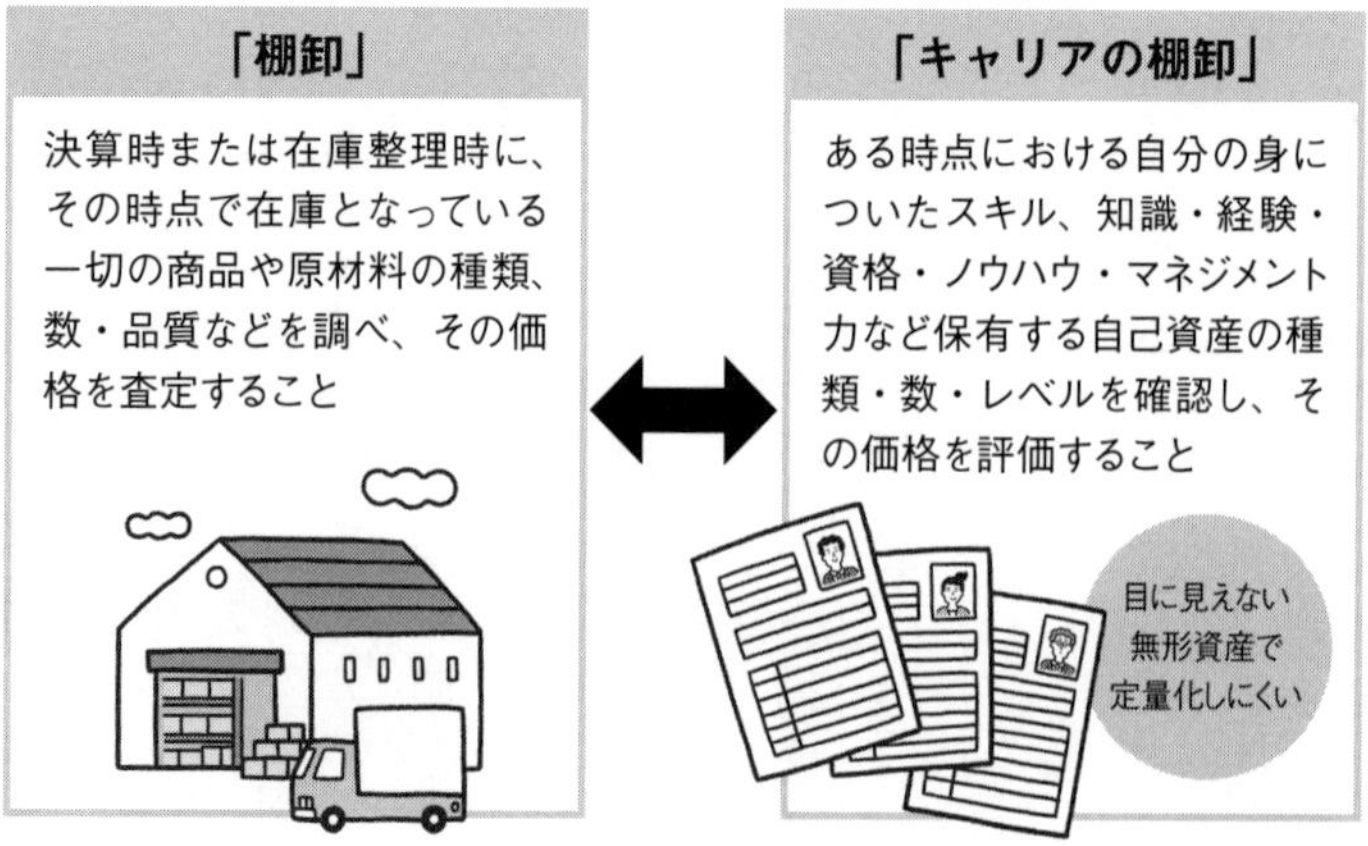
「棚卸」
決算時または在庫整理時に、その時点で在庫となっている一切の商品や原材料の種類、数・品質などを調べ、その価格を査定すること
「キャリアの棚卸」
ある時点における自分の身についたスキル、知識・経験・資格・ノウハウ・マネジメント力など保有する自己資産の種類・数・レベルを確認し、その価格を評価すること
目に見えない
無形資産で
定量化しにくい

①その時々の具体的なタスクと成果・業績を可能な限り数字で表現すること

②仕事だけに限らず、取得資格・表彰歴・社内外活動（サークル・趣味・自己啓発など）を含めて幅広く棚卸すること

③成功事例だけでなく、失敗事例も含めて棚卸すること（失敗事例にシニアだけが持つ強みが隠されています）

「人より苦にならないこと」はあなたの売りになる

「人生100年・80歳現役」時代に個人事業主として新たなキャリアを歩んでいくことを本書は目指していますが、「イヤなこと」「苦手なこと」では長くは続

図2-06　シニアからの働き方（方向性）

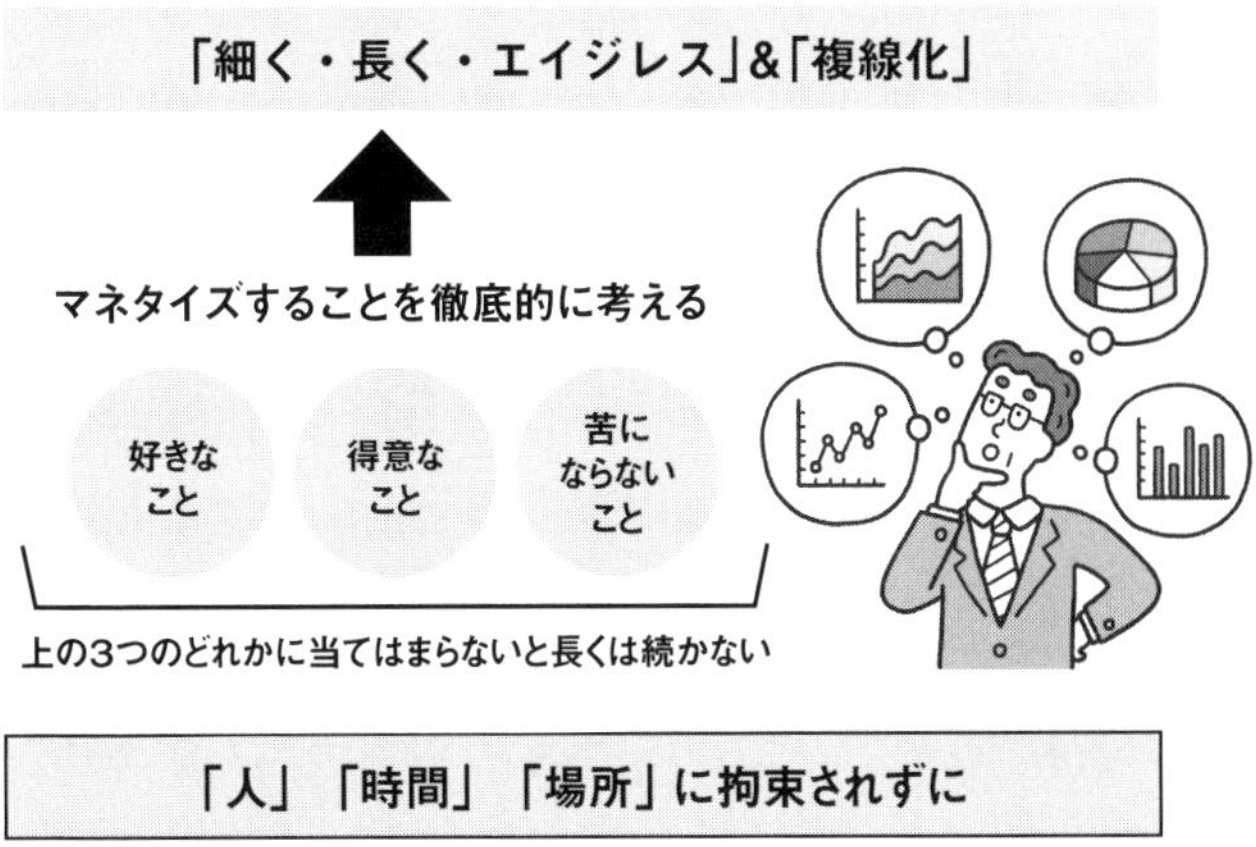
「細く・長く・エイジレス」&「複線化」
マネタイズすることを徹底的に考える
好きなこと
得意なこと
苦にならないこと
上の3つのどれかに当てはまらないと長くは続かない
「人」「時間」「場所」に拘束されずに

きません。

〝半〟個人事業主として働くコンセプトを改めてまとめたのが上の図2-06です。「人」「時間」「場所」に拘束されずに「好きなこと」「得意なこと」「苦にならないこと」をマネタイズすることを考えます。なかなか気づきづらいのですが、「苦にならない」ことにお宝が眠っていることが多いです。

その際の基本方針は、「細く・長く・エイジレス」と「キャリアの複線化」です。

「細く」「長く」とは、一時的な高収入を目指すのではなく、収入は低くとも長く続けることで「高さ」ではなく「面積」

で稼いでいく戦略です。
「キャリアの複線化」とは、1カ所に依存することなく、拠り所を複数確保することでストレスフリーな状態を維持することです。

こうしたキャリアの方向性を見定めるためにぜひおすすめしたいのが「ブレインダンプ」という思考整理法です。「ブレインダンプ」とは、谷澤潤さんが著書『ブレインダンプ――必ず成果が出る驚異の思考法』（東洋経済新報社、2010年）で紹介している思考法ですが、自分のキャリアの方向性を「見える化」する際にも有効な手法です。簡単に言うと自分の頭の中身をどさっと一気に書き出すことです。

最初はあまりキャリアだけにこだわらなくてもいいかもしれません。自分の頭の中にある悩みや気にかかっていること、自分の夢や目標、やりたいこと、今すぐにやらなければならないこと、など自分の頭の中身を最後の一滴まで絞り出すように、そして「これ以上は出て来ない。頭の中はもう空っぽだ」と自分自身が観念するくらいに、すべて紙の上に書き出します。
ブレインダンプの効果ですが、今まで重くて気になっていたものがきれいに清算されるかのように頭の中がすっきりします。頭が軽くなり、前に進むために必要な次のアイデアや、次の行動イメージが出て来るようになります。

キャリアに特化してブレインダンプを行なう場合には、まず、これまでの自分の経験をすべて書き出します。仕事だけでなくプライベートに関しての経験も何も制限をつけずにどんどん書き出していきます。

次は自分の好きなこと、好きなもの、興味関心があることを、これも何も制限をつけずに書き出していきます。最後に自分が今までお金をかけたこと、時間をかけたことを書き出します。一過性で終わったものもあるかと思いますが、その時点では〝熱くなったこと〟なので、制限しないで書き出します。

この中に共通するものがあれば、それはまさにこれからあなたが〝半〟個人事業主として目指すべき方向になります。

また、どうしてもさまざまな現実的な制約が自由な発想を妨げているので、これを取り払うために以下のような質問を自分に投げかけてみることもブレインダンプには効果的です。「制約を取り払ってどんな状態だと自分がワクワクするか・ストレスを感じずに穏やかな気持ちでいられるか」を考えるイメージです。

・高年齢者雇用安定法により65歳まで今の会社で働き続けることで自分の人生に満足できるか？
・医者から余命1年の宣告を受けたら何をするか？
・超高額の宝くじが当たり、まったくお金の心配がなくなったら何をするか？
・今の会社で「こういう状態になったらもう我慢できない」という事態を想定し、そうなったらどう行動するか？

ブレインダンプを効果的に行なう際は、時間と場所を確保することがポイントです。日常生活の場を離れ、ホテルや温泉旅館などにこもって実施することをおすすめします。

いわゆる**「一人合宿」**です。

自分の家で行なうと、どうしても途中で何かしらの邪魔が入り、ようやく波に乗ってきた頭の中の吐き出しが中断されがちです。ブレインダンプは、連鎖反応的に思いを引き出していきますので、これではせっかくのブレインダンプの効率が大幅に落ち

図2-07　ブレインダンプに最適なロディア（A3サイズ）
「BLOCK RHODIA N38　5×5」

RHODIA
RHODIA

・ブレインダンプに最適！
A3 サイズのロディア
・写真下のサイズが通常メモでよく使う
N11 サイズのロディア
・並べてみるとその巨大さがよくわかる!!

片面でA３の
ビッグサイズ！
何の制約もなしに
脳の中身を
ぶちまけられる

てしまいます。

また、頭の中味を書き出すカンバスは、できる限り大きな紙をおすすめします。私の場合は、上の写真（図2-07）のようなフランスのメモ帳ロディア（RHODIA）の超巨大版（A3サイズ）を使います。私の頭の容量サイズにぴったりのサイズ感です。もちろん、ロディアでなくてもかまいませんが、サイズはできるだけ大きなもののほうが制限なく頭に詰まったモヤモヤを吐き出せます。

個人事業主としてのポリシーを決めておく

先ほどシニアキャリアの方向性として「細く・長く・エイジレス」と「キャリアの複線化」を挙げましたが、自分独自の個人事業主としてのポリシーを決めておくことも重要です。ブレインダンプにより、やりたいこと・やりたくないことが浮かび上がります。たとえば、ポリシーとしては次のようなものがあるでしょう。

・イヤな仕事はしない
・身体を壊してまで仕事はしない
・知らない土俵に乗り若手と競争するような分野には踏み込まない
・肉体を駆使する仕事にはあえて挑戦しない
・家族と離れるような仕事はしない
・収入・役職など目に見える報酬を追い求めるだけでなく、目に見えない報酬（能力UP、ネットワークの拡大など）にも目を向ける
・40％できそうであれば頼まれた仕事は引き受ける

など

ポリシーは人それぞれ異なります。自分でここだけは絶対に譲れないという事項を明らかにしておくことによってぶれない自分の軸を設定できます。

こうしたポリシーは、**「キャリアアンカー（錨＝不動点）」**と呼ばれます。個人が自らのキャリアを形成する際に最も大切で、譲れない価値観や欲求のことを指し、周囲が変化しても、自己の内面で不動なものがキャリアアンカーです。キャリアアンカーも、シニアからのセカンドキャリアを考える際には特に重要な視点になります。

「見える化」した内容の集約ツール 個人事業主版キャリアデザインマップ（CDM）

こうして見える化した結果を受け止める集約ツールとして117ページの図２-08の個人事業主版のキャリアデザインマップを利用することをおすすめします。

上段には、先ほど検討した「自分が提供するサービス」を記入します。その際には、サービス内容のみならず、自分会社の屋号も決めてしまいましょう。

左上の「キャリアビジョン」欄には、ブレインダンプで見えたキャリアの方向性を記入します。ここを実現していくことがキャリアの方向性になります。

左サイドは、キャリアの棚卸で見えてきた自分の経験、強みなど自己分析結果を記入します。どうしても譲れないキャリアアンカーもここに記入します。中段右側は、社会・家族から導き出される項目です。これからの環境変化や家族の希望、家計推移などを踏まえていないキャリアプランは絵にかいた餅です。現実的なキャリアプランを作るうえでも自分以外の要素を織り込んでおくことも必須事項です。

右下の欄は、あなたのキャリアプランの実行計画です。マイルストーンを刻み、期限を設けて計画を実行していきます。

図2-08　個人事業主版 キャリアデザインマップ

※「肩書」は会社の肩書に限らず、どのようなキャッチフレーズで紹介されたいかをイメージして書く

method 22

〝半〟個人事業主化に向けて土俵を整える

バーチャル個人事業主として今日から働く

以上のようなプロセスを経て自分の提供サービスをメニュー化していきます。「自分が提供する（仕事の）メニューを持っているか／いないか」が、サラリーマンと〝半〟個人事業主の決定的な差になります。

メニューができたら、それを提供できることを将来のクライアント候補に知ってもらう必要があります。自分の人柄・実力をよく知るファンを事前に作り、60歳以降の潜在クライアントを見つけておくイメージです。

〝半〟個人事業主では、まずは今の会社や関係の深い会社を将来の潜在クライアントとして想定しているので、**今の日々の仕事ぶりがそのままPR活動になります。まずは半径5メートル以内の人たちから高い評価を得ることからスタートです。**役職定年でモラルを下げ、「早く定時にならないかな」などと無為に時間をすごしている暇はありません。〝半〟個人事業主としての将来戦略を目指すことを決めたら周囲から「働かないおじさん」のレッテルを貼られることは致命的です。

ポイントは、今日今から**気持ちの上では「すでに個人事業主として1年契約で今の会社と契約していると想定して仕事をする」**ことです。来年の契約があるかどうかは、これからの働きぶりや成果で決まります。プロのスポーツ選手と同様、シーズン後に戦力外と見なされたら契約更新はありません。トライアウトに挑戦するかリーグを下げてでも違う球団を探す必要があります。

このバーチャル個人事業主として働く期間を持つことが〝半〟個人事業主、そしてそれ以降の個人事業主として働き続けるための重要な準備期間になります。

上司はもちろん、今まで部下だった職場のメンバーも将来のクライアントです。会社の看板をバックにお付き合いしているベンダーさんももちろん将来のクライアントです。誰1人ないがしろにはできません。

このバーチャル個人事業主の期間を働く際のポイントを挙げておきます。

・サポーターに徹して周囲の人の仕事をやりやすくすることが自分の役割と心がける
・依頼の期待値の150%のサービス提供を心がける
↓依頼された納期の前での完成・納品を心がける（スピード）
↓要求事項に自分なりのプラスアルファの情報、成果を必ず加えることを心がける
（付加価値）
・メール返信はクイックレスポンスで返す
・相手が嫌がる仕事を察してこちらから申し出て積極的に引き受ける
・経験・スキル・知識の周囲への提供を出し惜しまない
・業務遂行の際には、標準化を意識し徹底したマニュアル化を図る（教えるツールの商品化）

など

「自分は今日から個人事業主として1年契約を結んで働いているのだ」と仕事に対する基本スタンスを変えるだけで日々の行動が変わります。この意識を事前に持てるかどうかで〝半〟個人事業主としての成否は大きく変わってきます。

55歳からは社内人脈ではなく社外人脈

先ほど解説したように、第一ステップである〝半〟個人事業主化の際には、当面の潜在クライアントである今の会社やお付き合いのある会社との関係が特に重要です。

しかしながら、〝半〟個人事業主戦略では、まず〝半〟個人事業主として独立を果たし、次のステップとしてはさらに今の会社や関係の深い会社以外のクライアントを広げていくことを想定しているので、サラリーマン時代から先を読んだ準備をしておく必要があります。それが**社外人脈の構築**です。

20代は学生時代の友人との交流もまだまだ活発ですが、それが30代後半をすぎると途端に自分の会社以外の人間との付き合いが減ります。この時期は、結婚する人も増えます。また、会社でもリーダーとして責任を持ちはじめる時期なので、体力的にも疲れ果てて、平日定時後や土日にわざわざ家を出る気がなくなります。

筆者の経験ですが、それが55歳をすぎると学校の同期会、会社の同期会などが再び増えます。30代から50代前半までは、出世や昇給のために馬車馬のように社内で成果をあげることに専念しますが、55歳をすぎると管理職は役職定年になり、60歳定年が間近に見えてきます。もはや社内飲み会や接待ゴルフなど社内営業に専念する意味も薄れてきます。

多くのサラリーマンは、社外人脈作りといってもこうした昔の旧交を温めるに留まるケースが多いのですが、55~60歳までの5年間はぜひさらに一歩踏み込んで新たな社外人脈の構築にチャレンジしていただきたいと思います。

社外人脈はサラリーマン時代がポイント

社外人脈作りのポイントは、まず**会社という組織の看板があるサラリーマン時代に始める**ことです。

多くのサラリーマンの皆さんは、「サラリーマン時代の人脈なんか会社の看板での付き合いだからお互い会社を離れたらそれでおしまい。本当の人脈は会社を離れてから作る必要がある」と思っていますが、そうではありません。お互い組織の看板を背負ったサラリーマン時代こそチャンスです。

筆者は52歳で独立して個人事業主となりました。この個人事業主という立ち位置は、サラリーマンからすると異質であり微妙な存在です。名刺交換するにしても「何か売り込まれるのではないか？」と本能的に疑うところから始まります。筆者も30年間サラリーマン生活を送ったのでその感覚はわかります。

これがお互いサラリーマン同士では会社の看板があるので、安心してつながることができます。ファーストコンタクトは、個人事業主よりもサラリーマンのほうがお互いのハードルははるかに低いのです。ポイントは、サラリーマン時代に一度つながった関係をその後も維持することです。そうすることで、個人事業主として独立後も今までと同じような間柄を維持できます。

独立した方は経験したことがあると思いますが、独立当初にはかなりの確率で異業種交流会のお誘いがかかります。朝に開催されるケースが多いですが、ネットワーク作りを目的に1分間自己紹介や名刺交換が行なわれます。個人の性格や業種などによるところも大きいと思いますが、筆者の場合は、こうした異業種交流会では長く続く人脈は作れませんでした。会場ではお互いに商売のネタを探そうというギラギラとしたものを感じ、「サラリーマンの方が本能的に感じる違和感もこうした雰囲気なのか？」と思ったものです。

いずれにしても、独立後はどうしても商売がらみの人脈が増えるので（これはこれで重要ですが）、長く続くニュートラルな人脈はサラリーマン時代に作っておくのが鉄則です。

効果的な社外人脈構築の方法

サラリーマン時代の人脈作りも利害関係のからまない関係のほうがうまくいきます。経験上、一番強く長い結び付きになるのは、関心のある領域・自分の専門領域の勉強会、趣味の集まり、会社を横断した業種団体の委員会活動などです。こうしたつながりは、同じ志を持った人たちが集まるので、今までの付き合いとは違う種類の人たちとつながることができます。

また、友だちの友だちといった形で急速にネットワークが広がるのもこうした勉強会などを通じたネットワークの特徴です。筆者は２０２１年から東京都主催の東京セカンドキャリア塾（プレシニアコース）の講師を務めていますが、受講者同士が研修期間を通じて自主的に全員が友だちになり、同期だけでなく別の期の受講者ともさまざまなルートを通じてすぐにつながっていく様子を目のあたりにしています。シニアからのこうした会社以外の人脈は貴重です。筆者もサラリーマン時代にこうした講座があれば間違いなく参加していたと思います。

今シニアからのリカレントが話題になっていますが、これから研修受講を検討する場合も人脈作りの観点が重要です。研修受講にあたっては、もちろんそのコンテンツ（内容）をメインに選ぶことになりますが、シニアからの学びにおいては、「コンテンツ」だけでなく「参加者のコミュニティ」を〝買う〟視点も重要です。研修でコミュニティを〝買う〟ためには、次の視点が判断基準になります。

・1時間2時間、1日の研修ではなく、複数日同じメンバーが参加する研修
・話を聴くだけでなく、グループワークなど参加者同士のコミュニケーションの機会が設けられている研修
・研修終了後のエクステンションセミナーなど継続学習の機会が設けられている研修

・受講メンバーの同期会（自主的なものも含む）的なつながりがある研修

手前味噌になりますが、筆者が修了者の会の世話人代表を務めている一般社団法人ビューティフルエージング協会のライフデザイン・アドバイザー（ＬＤＡ）養成講座（6日間、継続学習の機会あり、同期会あり）や筆者が講師を務めるライフシフト大学（株式会社ライフシフトが運営）なども期間も長く受講者間のネットワークが構築できる「コンテンツ＆コミュニティ」を兼ね備えた学びの場です。

繰り返しになりますが、利害関係のからまないコミュニティで培ったサラリーマン時代からの社外人脈が「人生１００年・現役80歳時代」の貴重な変身資産になります。実際に独立すると独立当初は金銭的にも時間的にも余裕がなくなるので、安定した定期収入と時間的な余裕があるサラリーマン時代にこそ、こうした学びに積極的に自己投資をすべきです。

早いうちからＳＮＳでの発信力をつける

こうして比較的長期間の勉強会・研修などで培った社外人脈は貴重な財産です。こうしたつながりを一過性に終わらせることなく、これから〝半〟個人事業主さらには個人事業主として独立するまで継続していく必要があります。

その際に重要なツールがＳＮＳです。さまざまなＳＮＳツールがありますが、まずは実名登録が原則のフェイスブックがシニアにとっては安心で使いやすいと思います。フェイスブックも若者からは〝オワコン〟と言われていますが、シニア世代の利用率はまだまだ高いです。

サラリーマンの皆さんの中には、会社の情報セキュリティ研修もあり、ＳＮＳに対してネガティブな印象をお持ちの方もいらっしゃいますが（筆者もサラリーマン時代は「情報が洩れるのではないか？」という不安から一切ＳＮＳツールは使っていませんでした）、使い方を理解して利用すれば人脈拡大、発信力強化の強力なツールになります。メッセンジャーを使えばメール代わりにもなります。

使い方は、次の通りです。リアルな勉強会・研修で培った人脈を維持するためには、それなりの接触回数が必要になります。そうはいっても必要もないのになかなかリアルで頻繁に会うわけにはいきません。そこを補完するのがＳＮＳです。

「単純接触効果」をご存じでしょうか？

最初のうちは興味がなかったものも、何度も見たり、聞いたりすると、次第によい感情が起こるようになってくる、という効果です。たとえば、ＣＭで流れている曲を毎日聞いているうちに、自然と覚えて、歌ってしまうなどが単純接触効果に当てはまります。

フェイスブックでも同じ効果が得られます。リアルでは1回しか会ったことのない人でもフェイスブックで毎日のようにその人の投稿を眺めていると自然にその人に対して親しみがわき、昔から知り合いのような感覚になってきます。

55歳から外部に目を向けて意識的に発信をしている人と、従来通り同じ会社の人だけと付き合い何も外部発信していなかった人とでは、社外人脈に圧倒的な差が出ます。実際会社の中では目立たない人がＳＮＳの世界では有名人というようなこともよく起こっている現象です。

「見える化」した自分独自のサービスや人柄をリアルな勉強会などを通じて対面でまずは伝え、そのあとはＳＮＳでの単純接触効果により親密な関係を維持することを5年間続けることで、あなたの〝半〟個人事業主の活動の土俵が自然に出来上がります。

個人名刺を作成する

前項ではＳＮＳを使って情報発信することをおすすめしました。少しアナログな方法ですが、会社勤めの時点から会社の肩書を外した自分独自の個人名刺を作成することも強くおすすめします。

次ページの図２－09に個人名刺作成のポイントをまとめたのでお読みください。個人名刺と会社名刺ではその役割が１８０度違います。

会社の名刺は「○○会社のあなた」を売るものです。サラリーマン名刺は会社という看板があっての自分です。受け取る人はあなた自身より社名や肩書に興味がありま す。

一方、**個人名刺は、「あなた自身」を売るものです。あなたは、何ができてどんな**

図 2 - 09　個人名刺を作成しよう！

- □プライベートな会合で配る名刺（アドレスもプライベートアドレスなので好都合）
- □プライベートアドレスが記載されているので、会社を離れてからも関係継続が可能
- □将来の自分の姿の見える化 ➡ 行動へのモチベーションになる
- □女性は、住所を記載せずにメールアドレスのみで OK
- □裏も使えば、さらに詳しい情報開示が可能
- □「好きな言葉」をタイトルにするのも一方法
- □ネットでもオーダー可能、近所の「はんこ屋さん 21」でも作成可能
- □ロフトなどでは、おしゃれなデザイン見本が数多くあるので、気に入ったデザインを利用するのもよい

【サラリーマン時代に作成した個人名刺】

【あなたの個人名刺を作成してみよう】

人なのかがわかるものが個人名刺です。〈"半"個人事業主として活動するために必須な提供サービスの明確化〉の項目（104ページ）でも解説しましたが、「誰のために、何をする専門家であるのか」がわかるのが個人名刺です。

先ほどご紹介した東京都主催の東京セカンドキャリア塾の講義の中でも、個人名刺を作成することをおすすめしています。講座最終日には、ほかの期の修了者を交えて懇親会を行なうことがあるのですが、その際には多くの方が個人名刺を作成して懇親会に参加しま

す。肩書を外した研修の中で会社の名刺はどうも違和感があります。そうした際に活躍するのが個人名刺です。

会社の名刺は、会社から離れると役に立ちません。筆者もある団体の事務局を務めたことがありますが、会社のメールアドレスを登録している方は、会社を離れるともに音信不通になります。こちらから連絡を取ろうと思っても手段がありません。個人情報管理が厳しい昨今では元いた会社に問い合わせても個人の連絡先は教えてくれませんし、そもそも会社自体がそうした情報を把握していません。

個人名刺を作成する効果は、会社を離れたあとでの連絡手段という実利的な効果ももちろんありますが、それ以上に重要なのが「予祝《よしゅく》」効果です。

予祝は、平凡社の『世界大百科事典』に次のように説明されています。

豊作や多産を祈って、一年間の農作業や秋の豊作を模擬実演する呪術行事。農耕儀礼の1つとして〈予祝行事〉が行なわれることが多い。あらかじめ期待する結果を模擬的に表現すると、そのとおりの結果が得られるという俗信にもとづいて行なわれる。

すなわち未来の姿を先に喜び、祝ってしまうことで現実を引き寄せるのです。

個人名刺にはこの「予祝」効果があります。将来実現したい姿を個人名刺に記載することで将来の姿がリアルに「見える化」され、自然にその実現に向けて行動を取るようになります。

筆者もサラリーマン時代からたくさんの個人名刺を作りました。東京セカンドキャリア塾のようなリアルの場面ではなかなか配ることはなかったのですが、予祝効果は十分に感じることができました。


個人名刺はネットでも簡単に作成できます。筆者の場合には、「デザイン百貨店」(https://creators-design.com/) というサイトを利用しています。多くの名刺デザインがあり、名前などを変えることにより簡単に好みの名刺を作成できます。

サラリーマン時代にはロフトの名刺コーナーも利用しました。ロフトの隅にある印鑑などを扱うコーナーに名刺デザインの見本帳が置いてあります。ここで気に入ったデザインを選び、自分の氏名、メールアドレスに置き換えるだけでおしゃれなデザインの名刺が簡単に作れます。また、お近くにあるチェーン店の「はんこ屋さん21」でもオリジナルの名刺が作成できます。

個人名刺も「見える化」の手段です。いざ個人名刺を作ろうと思うと、「肩書はどうしよう?」「デザインは何がいいかな?」「提供サービスは何と書こうか?」など自分で考えざるを得ません。足りない部分が個人名刺作成のプロセスを通じて顕在化します。

SNSと個人名刺の両輪で自分のサービス・人柄を発信し続けることで、〝半〟個人事業主としてのデビューが現実になっていきます。

第2章のまとめ

・会社のニーズを探るために、今の職場を外部コンサルタントになった気持ちで客観的にながめて「今の職場の課題を解決してくれるこんな人がいればいいな」を書き出してみる。

・「今は外注化しているが、現状のサービス水準には満足していない。値段も高い」業務もシニア〝半〟個人事業主にとってのブルーオーシャン。

・大企業ほど部門間の溝が大きく、こうした領域に課題が潜んでいることが多い。両部門に人脈のあるシニアこそこうした課題解決の担い手。仕事の上流・下流工程間、売る側・買う側など「立場を変えて考えてみる」ことで、〝半〟個人事業主が担うべき会社のニーズが見えてくる。

・〝半〟個人事業主として、「①誰の問題を解決するか？」「②どんな問題を解決するか？」「③どのように解決するか？」の3つをはっきりさせることで、

「〝半〟個人事業主としてクライアント（会社）に対してどんなサービスを提供するのか」という自分の売りものが明確になる。

・個人事業主として成長するために、ある時点における自分に身についたスキル・知識・経験・資格・ノウハウ・マネジメント力など、保有する自己資産の種類・数・レベルを確認し、その価格を評価する「キャリアの棚卸」をする。

・個人事業主としてのポリシー（やりたいこと・やりたくないこと）を決めておくことが重要。そのためには、ブレインダンプをして頭の中から出てくる言葉をひたすら書き出してみるとよい。

・自分の提供サービスをメニュー化する。自分が提供する（仕事の）メニューを持っているか／いないかが、サラリーマンと〝半〟個人事業主の決定的な差になる。

・社外人脈作りは、会社という組織の看板があるサラリーマン時代のうちにやっておくのがベスト。一番強く長い結び付きになるのは、関心のある領域・自分の専門領域の勉強会、趣味の集まり、会社を横断した業種団体の委員会活動など。

・フェイスブックなどのＳＮＳで情報発信する。55歳から外部に目を向けて意識的に発信をしている人と、従来通り同じ会社の人だけと付き合い何も外部発信していなかった人とでは、社外人脈に圧倒的な差が出る。

第3章

〈ステップ02〉提案期

会社とはどう交渉するのか?

method 23

会社に「〝半〟個人事業主化」提案を受け入れてもらうには？

この章では、会社に「〝半〟個人事業主化」提案を受け入れてもらうための具体的な方法・プロセスを解説します。筆者は30年間サラリーマンとして企業内で人事畑を歩き、その後10年間は個人事業主として人事部の最前線で働いています。

長年、企業人事の内側にいるからこそ「人事担当者の気持ち」がわかります。一方で〝半〟個人事業主として働く当事者でもありますので、〝半〟個人事業主としての不安点・懸念点もわかります。個人事業主と人事部双方の立場を知る筆者だからこそ、解説できるのです。「こう提案すれば会社は受け入れてくれる。会社と個人事業主双方がＷＩＮ－ＷＩＮの関係になる」という提案方法をできる限り具体的に解説します。

〝半〟個人事業主化の提案を会社にする前に、個人事業主や業務委託契約についてしっかりと理解しておく必要があります。

日本での働き方のスタンダードは依然として雇用（雇われて働く＝サラリーマン）です。２０２２年の総務省の労働力調査結果を見ても雇用者数は２０２２年平均で６０４１万人、**就業者に占める雇用者の割合は89・９％**と２０２１年に比較して０・３ポイント増加しています。

雇用という働き方が世の中のメインという状況の中で、個人事業主という新たな働き方を実現させていくためには、「個人事業主と労働者の違いは何か」「雇用契約と業務委託契約の違いは何か」について、**まずはご自身がしっかり理解していなければなりません。**ご自身がサラリーマンと個人事業主の違い、雇用契約と業務委託契約の違いをよく理解できていないと、**会社の上司、人事担当者にそのメリット（&デメリット）について説得力を持って説明できない**からです。

ぜひ、この章で個人事業主&業務委託契約に関する知識を獲得し、自信を持って会社（人事部）への提案に臨んでいただければと思います。これを機会にぜひ個人事業主という働き方に関する第一人者になってしまいましょう！

知っておきたい個人事業主に関する基礎知識

副業・兼業の流れにより、入社した会社で定年まですごす一社専従型勤務モデルだけでなく、兼業・副業、独立起業など、多様な働き方の選択肢があることが一般的に認知されつつあります。新聞、ビジネス雑誌を見ると毎日のようにフリーランス、個人事業主、ギグワーカー、インディペンデント・コントラクター、フリーターなどの言葉が飛び交っていることは皆さんも日頃からお気づきのところです。

フリーランスや個人事業主という言葉を聞くと、まず多くの方は、**「組織に縛られることなく自由に仕事をしている人・働き方」**といった漠然としたイメージをお持ちになるかと思いますが、その違いをはっきり説明できる人は少ないのではないでしょうか。ここではこうした巷に流布する用語を整理しておくとともに、本書内で使用する各用語のイメージもここで整理しておきたいと思います。

【フリーランス】

「特定の企業や団体に所属せずに（雇用契約を結ぶことなく）、自らの手で仕事を得ながら働く人（or働き方）」が最大公約数的なフリーランスのイメージです。フリーランスになるために取得するべき資格や提出すべき届出などは特にありません。組織から独立し、自分の専門知識やスキルに対して仕事を依頼してくれる人がいれば、誰でもフリーランスとして働くことができます。

プログラマー、イラストレーター、Ｗｅｂデザイナーなど I Ｔ職種やクリエイティブ職種で活躍する姿をまず思い浮かべる方が多いと思います。

【個人事業主】

個人事業主とは、個人で独立して事業をしている人のことをいいますが、**広義の意味では個人事業主もフリーランスも同じです。**フリーランスが I Ｔ職種やクリエイティブ職種をイメージさせるのに対して、個人事業主はもう少し硬いイメージを持たれる方が多いかもしれません。

先ほど「広義の意味ではフリーランスも個人事業主も同じ」と述べましたが、それでは狭義の意味ではどうなのでしょうか。

狭義の意味での個人事業主は、**税制上の区分で「法人」ではない**ことを意味します。

筆者を含めフリーランスの多くは、株式会社や合同会社のような法人を設立せずに「個人」で仕事をしているので、その意味では個人事業主です。また、税制上で個人事業主は「独立した個人が仕事を反復・継続している」と定義づけられているので、さらに**狭義の意味では「税務署に開業届を提出し、独立して反復・継続して事業を行なっているフリーランスが個人事業主」**という定義になります。

その一方でフリーランスとして働いている方の中でも株式会社や合同会社を設立している方もいます。こうした方は法人化しているので、狭義の意味（税制上の区分）では個人事業主ではなく法人になりますが、働き方としてはフリーランスと同じです。当初は個人事業主として開始し、規模が大きくなったので法人化するのはよくあるケースです。筆者の友人・知人の中にもこうした方はたくさんいます。

以上をまとめると、フリーランスと個人事業主は広義の意味では同じ、狭義の意味では「個人事業主は税務署に開業届を提出し独立して反復継続して仕事をする人」という定義になります。

本書の中では、広義の意味での（フリーランスという働き方と同じ意味で）個人事業主という用語を使います。すなわち「特定の組織・会社に雇われることなく（雇用ではなく）、業務委託契約や請負契約を締結して独立して仕事を遂行する人」という定義です。

ちなみに、本書のテーマ**「〝半〟個人事業主」**は、**「今まで雇われていた会社・組織（あるいは関係の深い会社）と雇用ではなく、業務委託契約などに切り替えて働く個人事業主」**を意味する筆者の「造語」です。

続いてご参考までに、最近よく耳にするフリーランス、個人事業主以外の働き方（用語）を簡単に解説します。

【ギグワーカー】

ギグワーカーとは、インターネットやアプリなどの**プラットホームを利用して、単発の仕事**を請け負う労働者の総称です。ギグワーカーの「ギグ（gig）」とは音楽用語で、ライブハウスやクラブで行なう一度限りのセッションを指す言葉です。そこから派生して、単発の仕事を請け負う人のことをギグワーカーと呼ぶようになりました。継続的に案件を受注するのではなく、インターネットやアプリなどを利用して単発の仕事を都度受注する働き方です。

代表的なギグワークは、ウーバーイーツの配達員がイメージしやすいと思います。単発の仕事を受注するギグワーカーとは違い、フリーランスは案件を継続して受注し、その遂行においては、一定レベルの専門的スキルが求められる傾向があります。

【インディペンデント・コントラクター（IC）】

インディペンデント・コントラクター（ＩＣ）という言葉は、今までの言葉に比べると一般的ではないかもしれません。以下に筆者も所属するインディペンデント・コントラクター協会のＩＣに関する定義を引用します。

〝期限付きで専門性の高い仕事〟を請け負い、雇用契約ではなく業務単位の請負契約を〝複数の企業〟と結んで活動する〝独立・自立した個人〟のことを、インディペンデント・コントラクター（以下ＩＣ）と呼んでいます。サラリーマンでも、事業家でもなく、フリーエージェントである働き方。つまり、**「雇われない、雇わない働き方」**こそが、ＩＣの生き方です。

フリーランスのカテゴリーに該当する働き方ですが、さらに専門性と独立性が高いイメージです。本書で想定する個人事業主のイメージも、これに近い働き方です。

【フリーター】

フリーターは、フリーアルバイターの略です。内閣府による平成15年版国民生活白書では、フリーターを「15～34歳の若年（ただし、学生と主婦を除く）のうち、パート・アルバイト（派遣等を含む）及び働く意志のある無職の人」と定義しています。

フリーターもフリーランスも正規雇用されていない点は同じですが、フリーランスはどの企業にも「雇用されていない」のに対して、**フリーターは正規ではなく非正規で単発的に雇用されている**点が違いです。

method 24

個人事業主という働き方の特徴

読者の皆さんも長年サラリーマンとして働いてきた方（雇用契約を締結して働いてきた方）がほとんどだと思います。その意味では、雇用（雇用契約）を前提とした働き方に慣れているはずですので、ここでは慣れ親しんだ雇用契約と比較して個人事業主として業務委託などで働く方法はどこが違うのかを解説します。

皆さんの業務委託契約の締結先（クライアント）となる会社の人事部も労働基準法や労働契約法を根拠とした雇用契約には慣れていますが、**個人事業主との業務委託契約については、労働法の枠外なので「どう対応したらよいかがわからない」**というケースが多いです。

そのため、個人事業主である自分が雇用契約と業務委託契約それぞれの特徴をしっかり理解し、**個人事業主側から主体的に会社人事に対して知識・情報を提供し、双方**

図 3 - 01　労働契約＝日常の職場生活の法的基礎

労働契約	「被用者がその労働力を一定時間使用者の処分に委ね、使用者の指揮に従って労務を提供することを約し、使用者は労働力の対価として賃金を支払うことを約することにより成立する契約」

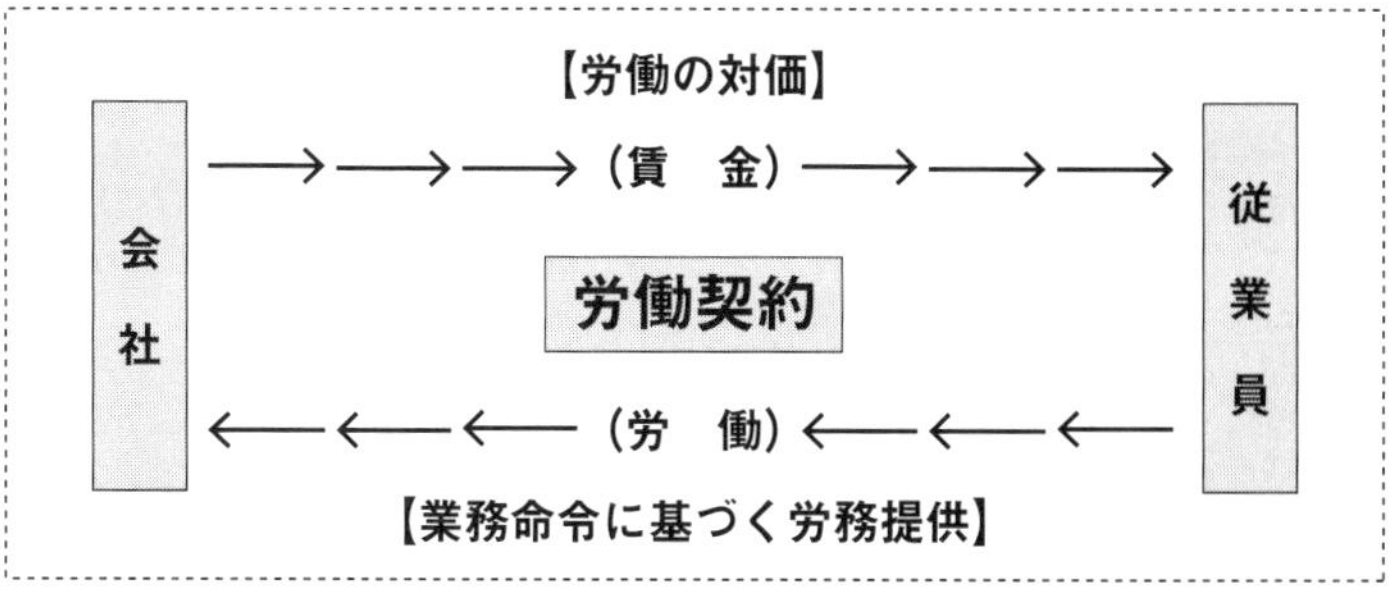

・労働契約の締結により、会社と従業員の間には『使用従属関係』が生じる
・使用従属関係＝従業員として企業組織に組み入れられ、職場秩序に従って使用者の指揮命令を受け労務に服する

が安心して契約を締結できるよう積極的にフォローすることが契約締結にあたって特に重要なポイントになります。

最大の違いは指揮命令の有無

上の図3－01は、労働契約における会社と従業員の関係を表した図です。

堅苦しい定義ですが、労働契約は、「被用者がその労働力を一定時間使用者の処分に委ね、使用者の指揮に従って労務を提供することを約し、使用者は労働力の対価として賃金を支払うことを約することにより成立する契約」です。

労働契約の締結により、会社は従業員に対して賃金を支払う義務が生じます。残業しているにもかかわらず残業代を支払わないサービス残業などは、この契約上では会社側の履行義務違反になります。

その一方で従業員側には、会社の指揮命令に服して業務を行なう義務が生じます。労働契約の締結により、会社と従業員の間には、「使用従属関係」が生じます。この「使用従属関係」により、従業員は企業組織の中に組み入れられ、職場秩序に従って使用者の指揮命令を受け労務に服することになります。

この「指揮命令」の有無がサラリーマンと個人事業主を分ける最大のポイントです。

個人事業主は、会社と対等の関係で業務委託契約（あるいは請負契約など）を締結して自らのサービスを提供します。会社からの指揮命令は受けません。逆に会社から指揮命令を受けて働くのであれば、それは個人事業主ではなく労働者です。たとえ個人事業主と名乗り業務委託契約を締結していたとしても、実態として指揮命令を受けているのであれば、それは労働者になります。

この部分が個人事業主として働いていく際に留意すべき一番重要なポイントであり、

図3-02　個人事業主 vs サラリーマン（契約方法などの違い）

項目	個人事業主	サラリーマン（労働者）	解説
□ 契約方式	業務委託契約（or 請負契約）	雇用（労働）契約	
□ 契約期間	期間限定	無期 or 有期	
□ 指揮命令	契約に基づく独立業務遂行	指揮命令下での労働	個人事業主に対して指揮命令を行なうと偽装請負のおそれ
□ 適用法規	（民法・下請法）	労働法	個人事業主は労働者ではないため、労働法は不適用

契約締結する側の会社も一番気にするポイントです。このあたりについては、のちほど改めて説明しますが、**「会社と対等の関係で指揮命令を受けずに独立で働くのが個人事業主である」**という基本的な構図は、頭に入れておいてください（図3－02）。

筆者の知人のケースでは、所属する部署では業務委託契約で仕事を継続することの事前了解は取れていましたが、最後の最後で本社の法規部から「偽装請負リスクが払しょくできない」ということでNGになった事例があります。中小企業では柔軟な対応を取ってくれるケースが多いですが、大企業ほど指揮命令に関し

図3-03　個人事業主 vs サラリーマン（勤務管理）

項目	個人事業主	サラリーマン（労働者）	解説
□ 勤務管理	管理しない	管理義務有	個人事業主は労働者ではないため、勤務管理の対象外
時間管理	時間管理しない	時間管理義務有	
残業・休出・深夜	適用なし	36協定により実施	
年休	適用なし	付与義務有	
休日・休憩・休暇	適用なし	労基法・就業規則による	

てはセンシティブに捉える傾向にありますので要注意です。

シニアの皆さんは、その会社に20年30年と長い間勤務した信頼厚いベテランなので、「そうした心配は無用」と会社にも理解してもらう必要があります。

今まで当たり前だった勤務管理も対象外

労働基準法などの**労働法は労働者に適用される法律**です。個人事業主は、労働者ではないので、労働基準法などの労働法規の適用はされません。

そのため、今までサラリーマン時代には当たり前だった勤務管理も対象外になります。サラリーマン時代のようにタイムカードを押したり、勤怠システムに入退社時間をインプットしたりするようなことはありません。勤務管理の対象外になるので、時間外（残業）とか休日出勤（休出）という概念は個人事業主にはありません。もちろん、残業手当や休日出勤手当は支払われません。年次有給休暇も休憩も適用外です。個人事業主として働く際には、このあたりの意識転換もしなければなりません。

前ページの図3－03に以上のことをまとめたのでご覧ください。

社会保険の適用は？

【健康保険】

続いてサラリーマンの場合には、意識せずに当然のように加入している社会保険や労働保険について解説します。まずは、社会保険（健康保険・年金）から始めます。

健康保険については、サラリーマンの皆さんは会社の健康保険組合（あるいは業種ごとの協会健保）に加入している方が多いと思いますが、個人事業主になると都道府県および市区町村が運営する国民健康保険（国保）に加入することになります。サラリーマンの場合には、あまり意識していませんが、保険料に関しては会社と本人が折半（会社が半分支払っている）していますが、**個人事業主は全額本人負担**になります。国民健康保険の保険料に関しては、市区町村により異なるので、加入の際にはご自身がお住いの市区町村に確認ください。

国民健康保険には、サラリーマンのように被扶養者という概念はありません。サラリーマン時代に加入していた健康保険組合（健保）の場合には、専業主婦や学生・未成年を含んで被保険者になっていますが、個人事業主が加入する国民健康保険の場合、それぞれが被保険者になります。

なお、退職後2年間は、今まで勤めていた会社の健康保険組合に継続して加入できる「任意継続」という制度があります。**①資格喪失の日の前日まで継続して2カ月以上一般の被保険者であること、②資格喪失日（退職日の翌日）より20日以内に申し出ること、③初めて納付すべき保険料をその納付期日までに納付したこと**などの条件があります。

また、今までは半額会社が負担していた分がなくなるので、サラリーマン時代に収めていた健康保険料の2倍の保険料になると思っておけばよいと思います。手続きにあたっては、特に②には注意が必要です。**20日以内の手続きを行なわないと加入する権利が失われます。**

任意継続被保険者の標準報酬月額は、①資格を喪失したときの自分の標準報酬月額、②健保組合が定めた上限標準報酬月額のどちらか少ない額と規定されています。

国保には被扶養者という概念がないことから、扶養家族が多い場合や在職時代の標準報酬月額（≒給与）が高かった人の場合は会社負担分を支払っても国保よりも健保任意継続のほうが安くなる場合もあるので、国保と健保を比較して決定すればよいでしょう。

【年金】

年金に関しては、**個人事業主の場合には、厚生年金には加入できないので一階部分の国民年金のみの加入になります。**サラリーマンの方もサラリーマン時代に国民年金保険料を払っていた意識はないと思いますが、個人ではなく厚生年金保険や共済組合が加入者に代わって国民年金に必要な負担をしているので、実は国民年金と厚生年金の両方に加入しています。

なお、国民年金保険料の金額は、令和5年度の場合で1カ月あたり1万6520円です。また、国民年金保険は60歳までの納付なので、定年退職後のシニアの方はすでに納付義務は終了しています。

【労働保険】

続いて労働保険です。労働保険には、雇用保険と労災保険がありますが、個人事業主は労働者ではないため、どちらも適用除外です（次ページ図3－04）。

労災保険に関しては、サラリーマン時代も保険料を支払った記憶がないと思いますが、それは全額会社（事業主）負担だからです。個人事業主になると仕事を辞めても失業保険は出ませんし、業務上や通勤途中で事故にあってケガをしても労災保険の適用はないので注意が必要です。

【所得と税金】

続いて勤務管理、社会保険（含む労働保険）以外の違いをまとめておきましょう（156ページ図3－05）。まずは、所得・税金に関する違いです。

サラリーマン時代には毎月の賃金や夏季・年末賞与や退職金、通勤手当など、いわ

図 3-04　個人事業主 vs サラリーマン（社会保険・労働保険）

項目	個人事業主	サラリーマン（労働者）	解説
□ 社会・労働保険	労働保険の適用なし	社保・労働保険とも適用	サラリーマンの場合、会社が保険料半額会社負担
健康保険	国民健康保険（個人で納入） ２年間のみ企業健保の任意継続可	企業の健保組合など	個人事業主の場合、家族全員分加入の必要がある
年金	国民年金（個人で納入）	厚生年金（給与控除）	サラリーマンの場合、70歳まで加入義務あり
雇用保険	適用なし	適用（給与控除）	サラリーマンの場合、65歳以降も加入義務あり
労災保険	適用なし	適用（全額会社負担）	サラリーマンの場合、全額事業主負担。個人事業主の場合、事故が起こっても保証なし

図3-05　個人事業主 vs サラリーマン（所得・税金など）

項目	個人事業主	サラリーマン（労働者）	解説
□ 収入の種類	事業所得	給与所得	
□ 賞与・退職金	なし	あり（正社員）	
□ 手当類	基本的になし	通勤手当など各種	
□ 売上請求	請求書を個人から毎月発行	自動振り込み	
□ 税金納付	確定申告義務	年末調整（会社が行なう）	２～３月に個人で税務申告
□ 住民税	個人で市区町村に納税	会社が控除し、市区町村に納税	個人事業主は普通徴収 サラリーマンは特別徴収
□ 個人事業税	【解説】により支払義務有	支払う必要なし	個人事業主の場合、所得が290万以上かかると支払う義務あり
□ 消費税	【解説】により支払義務有	支払う必要なし	個人事業主の場合、課税売上1000万円以下なら消費税の申告は免除
□ 必要経費	広く認められる	一定額みなし控除	個人事業主の場合、青色申告選択可
□ 開業届	税務署へ開業届を提出		
□ 家族従事者	届出することにより可能		個人事業主の場合、家族に補助者として給与を支払うことも可能

ゆる労働の対価として「給与所得」を受け取っていましたが、**個人事業主になると所得の種類が変わり、「給与所得」ではなく、事業を営んで収入を得た「事業所得」に変わります。就業規則の定めによって支給されていた各種手当や退職金も基本的に対象外になります。**

〝半〟個人事業主の場合には、雇用契約を業務委託契約に変更し、開業届を税務署に提出したうえで個人事業主として継続・独立して事業を行なうことを想定しています。サラリーマンなどの給与所得者が、休日を利用して趣味で原稿を書いて単発的に原稿料をもらうといったケースは、事業所得ではなく雑所得とされることがほとんどなので税申告の際には注意が必要です。

また、サラリーマン時代には、会社から自動的に自分の給与口座に給与が毎月振り込まれていましたが、個人事業主の場合には、案件ごとに請求書を自ら作成しクライアントに送付することが基本的な対応になります。

場合によっては、事前に見積書を送付→見積額ＯＫ→サービス提供→請求書作成・送付→振込というように見積りというプロセスが増えることもあります。振込時期も時間が空き、請求書送付後の翌月末（翌々月末）に振込というケースが多いです。

税金納付に関しては、サラリーマンの場合、月々の給与、賞与から所得税を自動的に会社が源泉徴収して年末に年末調整をしていたので、サラリーマン個人は特に納税手続きは必要ありませんでした。

しかしながら、**個人事業主の場合には、自分で納税する、つまり確定申告を行なう必要があります。**所得税に関しては、業種によって収入の10・21％が源泉徴収税額として天引きされる場合がありますが、この分に関しても最終的に確定申告により確定させることになります。

確定申告というと税申告を自分で行なったことのないサラリーマンにとっては、何となくハードルが高く感じられますが、今はさまざまなクラウドの会計ソフトなどがあるので、それほど心配する必要はありません。

また、自分の**事業運営に必要な経費については、事業経費としてサラリーマンに比べると広く認められている**こともサラリーマンとの違いの1つです。

開業届、屋号などに関しては、「第4章〈ステップ03〉スタート期」で詳しく解説するので、ここではサラリーマンと個人事業主の違いについての解説に留めておきます。

兼業・副業が制約されないことが個人事業主の最大のメリット

個人事業主のメリットの1つは、**兼業・副業が制限されない**ことです（次ページ図3－06）。雇用の場合には、就業規則で兼業・副業に関してさまざまな制約がかかりますが、個人事業主は就業規則の適用はなくクライアントと対等な立場で独立して仕事を行なうので兼業・副業に制約がかかることはありません。

独立当初の〝半〟個人事業主の時代には、1社のみがクライアントという状況から始まりますが、〝半〟個人事業主の時代の拡販活動により、クライアント先を拡大していくのが、〝半〟個人事業主戦略です。ぜひ、個人事業主のこうしたメリットを活用していってください。本書巻末の番外編では、「キャリアの複線化」についての事例を紹介していますので、ぜひ参考にしてください。

口座に関しては、**個人事業主として開業届を提出すると屋号付き口座が開設可能になります**（金融機関によります）。無理に開設する必要はありませんが、個人口座と事

図3-06　個人事業主 vs サラリーマン（その他取扱い）

項目	個人事業主	サラリーマン（労働者）	解説
□ 兼業	可能	就業規則で制限	
□ 口座開設	屋号付口座開設可能	個人名口座	個人事業主の場合、法人口座は開設できず
□ 名刺作成	自分で作成	会社作成	個人事業主の場合、肩書も自分で作る

業用口座を分けて管理を容易にする、クライアントの安心感（個人名口座より屋号付き口座のほうが信頼性あり）を得る、などの理由から検討してもよいでしょう。

名刺に関しては、サラリーマン時代には会社が準備し配付されてきましたが、独立後は当然個人で作成しなければいけません。業務委託の場合でも会社・職種によっては、その会社の名刺を渡されることもありますが（業務委託で編集、記者などの役割で働くケースなど）、基本的には個人で作成することになります。

個人名刺の作成に関しては、第2章の「個人名刺を作成する」をご参照ください。

method 25

会社への提案のポイントはここだ

個人事業主に関する理解は深まりましたでしょうか？

これからあなたが個人事業主化の提案をしていく人事の担当者も長年雇用で働いてきた人ばかりなので、今まで説明してきたような事項はほとんど知りません。

労働基準法など労働法規に従って制度設計するのが今までの人事部の役割だったので、労働法の枠外である業務委託で働く個人事業主という働き方については、基本的に〝知識はゼロ〟と考えておいたほうが安全です。かえって外注して仕事をする総務や購買部門のほうが業務委託契約そのものについては、知識も実務対応経験も人事部より豊富かもしれません。

〝半〟個人事業主は、業務委託契約（あるいは請負契約）を会社と締結して仕事をしていくことになりますので、まずは業務委託契約書のたたき台を個人事業主側で作成する必要があります。**人事側で作成してくれることを期待してはいけません。**

私が人事の立場であれば、もし個人事業主側から「これから個人事業主として働きたい、そのために業務委託契約書を人事で作ってくれ」と言われたら断ります。人事はあなたが作成したひな型をたたき台にして社内調整は行ないますが、契約書を作ってくれと言われたら、「あなたの仕事でしょう」という、つれない対応になります。

シンプルな形の業務委託契約書のサンプルをご参考までに掲載しておきます（163〜166ページ図3－07）。これはあくまでもイメージをつかんでいただくためのサンプルなので、ご自身の担当業務・会社との関係などに応じてオリジナルの内容にカスタマイズする必要があります。

〝半〟個人事業主の場合には、長年勤めたお互い信頼関係のある相手間での契約を想定しているので、まったくの第三者との契約に比べるとリスクはかなり低いですが、業務委託を受ける業務の内容や会社との関係性などに応じて織り込むべき内容や記載する内容も変わります。契約書の作成にあたっては、この点は十分ご注意願います。

図3-07　業務委託契約書ひな型（1面）

Sample

○○○○○○○○業務委託契約書

●●●●●●株式会社（以下「甲」という。）と●●●●●●（以下「乙」という。）は、以下のとおり○○○に関する業務委託契約（以下「本契約」という。）を締結する。

第1条（契約の目的）
甲は乙に甲に対し、○○○○○○に関する業務、その他これに付帯する業務（以下「本件業務」という）を委託し、乙はこれを受託する。

第2条（契約期間）
1　本契約の有効期限は本契約締結日より1年間とする。但し、契約期間満了の1か月前までに甲乙双方特段の申し出がなければ、自動的に1年間延長されるものとし、以降も同様とする。
2　甲及び乙は、前項の契約期間中であっても1か月前に相手方に通知することにより本契約をいつでも解約できるものとし、相手方は解約による損害の賠償を求めることはできないものとする。

第3条（委託業務の内容）
本契約において、乙が甲に対して提供する業務（以下、「委託業務」という）は次のとおりとする。
（1）甲の△△事業に関する（　　　　　　　　）契約サポート（含む同行フォロー）
（2）甲の△△事業に関する（　　　　　　　　）に関するアドバイス
（3）甲の△△事業に関する（　　　　　　　　）の企画、分析
（4）甲の□□事業に関する（　　　　　　　　）の窓口代行
（5）甲の□□事業に関する（　　　　　　　　）の運用、改善に関する助言
＊（1）～（6）に含まれる業務詳細は、別紙「　　　　」に記載

第4条（報酬と報酬の支払時期）
1　甲が乙に支払う報酬は、月額●●万円（消費税別）とする。乙は、当月分の報酬を甲に請求し、甲は、請求対象月の翌月末日までに、乙の指定する金融機関口座に支払うものとする。
2　報酬の支払に必要な振込手数料は、甲の負担とする。

第5条（委託業務の遂行方法）
1　乙は毎週○回、甲を訪問し、委託業務を行い、業務の進捗、方針に関するミーティングを行う。
2　乙は毎月末日までに、委託業務の進捗、成果について記載したレポートを作成し、甲に提出する。

第6条（秘密保持）
1　本契約において、「機密情報」とは、甲および乙は、本契約に関連して知りえた相手方の技術上・経営上の一切の秘密、及び甲乙間の取引内容に関する情報をいう。ただし、以下のものはこの限りでない。

図3-07　業務委託契約書ひな型（2面）

Sample

（1）相手方から知得する以前にすでに所有していたもの
（2）相手方から知得する以前にすでに公知のもの
（3）相手方から知得した後に、自己の責によらない事由により公知とされたもの
（4）正当な権限を有する第三者から秘密保持の義務をともなわずに知得したもの

2　本契約において「個人情報」とは、個人情報の保護に関する法律第2条1項に定める情報をいう。

3　甲及び乙は相手方より受領した機密情報及び個人情報を厳に秘密として保持し、善良なる管理者の注意をもって管理・保管するものとする。

4　甲及び乙は、本件取引の遂行以外のいかなる目的のためにも機密情報及び個人情報を利用してはならない。

5　甲及び乙は、本件取引の遂行のために第三者に機密情報又は個人情報の全部又は一部を開示する場合には、事前に書面による相手方の許可を得なければならない。また、開示の範囲は必要最小限の範囲とし、かつ、当該第三者に対し監督その他必要な措置を講ずるものとする。

6　甲及び乙が、法令、官公庁又は裁判所の処分・命令等により機密情報又は個人情報の開示要求を受けた場合、当該開示要求に対し、必要最小限の範囲及び目的に限り、機密情報又は個人情報を開示することができるものとする。この場合、できる限り早い時期に相手方に対して当該開示について通知するものとする。

第7条（成果の権利および知的財産の帰属）

1　本件業務に基づき乙が甲のために作成した成果物（中間成果物も含む）および役務の提供の結果、発生した著作権及びその他の無体財産権は、本件業務事前に乙が既に保有するものを除き、すべて甲に帰属し、その権利は乙から甲に無償で譲渡されるものとする。

2．前項の規定に従って乙から甲に譲渡される権利は、著作権法第27条（翻訳権、翻案権等）及び第28条（二次的著作物に関する原著作者の権利）に規定される権利も含むものとする。

3．乙は、成果物に対する著作者人格権の権利を行使しないことを合意する。

4．乙は、甲の書面による承諾を得るかもしくは別途、合意をしなければ、成果物の全部あるいは一部及びその複製物を保有し、利用することはできないものとする。

第8条（再委託）

乙は、甲による事前の承諾がないかぎり、本件業務の全部または一部を第三者に再委託できない。尚、甲の事前の承諾を得て第三者に再委託する場合には、乙は当該第三者に対し、本契約における乙の義務と同様の義務を遵守させ、その行為について一切の責任を負う。

第9条（損害賠償）

甲又は乙が自社の責めに帰すべき事由により相手方に損害を与えたときは、すみやかにその損害を賠償しなければならない。

第10条（契約の解除）

1　甲または乙は、他の当事者が次の各号の1つに該当したときは、催告なしに直ちに、本契約の全部または一部を解除することが出来る。

図3-07 業務委託契約書ひな型（3面）

Sample

（1）本契約に違反し、相当の期間を定めて相手方に対して、その是正を求めたにも関わらず、相手方がその違反を是正しないとき
（2）相手方の信用、名誉または相互の信頼関係を傷つける行為をしたとき
（3）破産手続開始、民事再生手続開始、会社更生手続開始、その他倒産手続開始の申立があったとき
（4）差押え、仮差押え、仮処分、競売の申立、租税滞納処分その他これに準ずる手続があったとき
（5）支払停止もしくは支払不能に陥ったとき、または、手形または小切手が不渡りとなり、手形交換所より銀行取引停止処分を受けたとき
（6）合併、解散、清算、事業の全部もしくはその他重要な事業の一部を第三者へ譲渡し、またはしようとしたとき
（7）その他前各号に類する事情が存するとき
2　前項に基づく解除は、相手方に対する損害賠償請求を妨げない。

第１１条（反社会的勢力の排除）
1　甲および乙は、それぞれ相手方に対し、次の事項を確約する。
（1）自らが、暴力団、暴力団員、暴力団準構成員、暴力団関係者、総会屋その他の反社会的勢力（以下、まとめて「反社会的勢力」という）ではないこと
（2）自らの役員が反社会的勢力ではないこと
（3）反社会的勢力に自己の名義を利用させ、この契約を締結するものでないこと
（4）反社会的勢力に対して資金等を提供し、又は便宜を供与するなどの関与をしていないこと
（5）反社会的勢力と社会的に非難されるべき関係を有しないこと
（6）この契約に関して、自らまたは第三者を利用して、次の行為をしないこと
ア　相手方に対する脅迫的な言動又は暴力を用いる行為
イ　偽計又は威力を用いて相手方の業務を妨害し、又は信用を毀損する行為
2　甲および乙は、相手方が次の各号の一に該当する場合、何らの催告を要さずに、本契約を解除することができる。
（1）前項（1）ないし（5）の確約に反することが判明した場合
（2）前項（6）の確約に反する行為をした場合
3　前項の規定により、本契約を解除した場合には、相手方に損害が生じても解除者は何らこれを賠償ないし補償することは要せず、また、かかる解除により解除者に損害が生じたときは、相手方はその損害を賠償するものとする。

第１２条（合意管轄）
甲および乙は、本契約に関して紛争が生じた場合には、甲の本店所在地を管轄する裁判所を第一審の専属的合意管轄裁判所とすることに合意する。

以上、本契約の成立を証するため、本書２通を作成し、甲乙各記名押印のうえ、各１通を保有する。

令和●年●月●日

図3-07　業務委託契約書ひな型（４面）

Sample

甲（住　所）　●●●

（名　称）　株式会社●●●

代表取締役　●●●●　　印

乙（住　所）　●●●

（名　称）　●●●

●●●●　　印

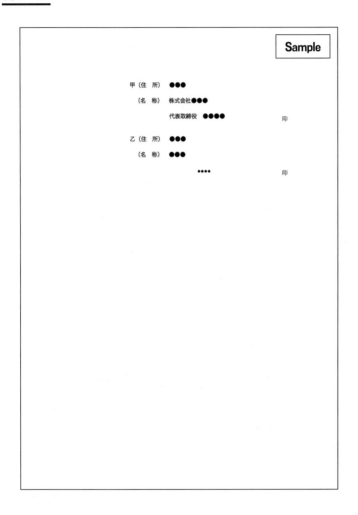

業務内容と報酬額の設定が最大のポイント

業務委託契約書の中で最も重要なポイントは**「委託業務内容」**と**「報酬額」**の設定です。ここからは、この2点について具体的にどのように決めていくかについて解説します。

【委託業務内容】

〝半〟個人事業主として仕事をしていくうえで一番重要なことは、「何をするか」です。第2章「20 会社のニーズを知る」（92ページ）でもあなたが提供できる付加価値を明確にするための視点を解説しましたが、まさにそこで「見つけた業務領域」をここに記載します。

業務内容に関しては、想定し得る業務はできる限り洗い出して「見える化」し記載したほうがお互いトラブルになりません。会社としても社員にまかせる仕事と個人事業主にまかせる仕事が明確になることで漏れやダブりがなくなり、効率的な業務運営ができるようになります。

業務を細かいプロセスベースにまで分解し（この作業はベテランシニアしかできません）、自分が担当できるプロセスをまとめて受託することで既存業務の整理ができ、委託先の業務効率化にもつながります。

業務委託契約書を締結する前段階のこの分析から〝半〟個人事業主の仕事は実は始まっているのです。

たとえば採用支援に関していえば次ページの図3－08のようなイメージです。契約書の本文に記載できる量は限られるので、業務領域名だけを本文に記載して、「詳細業務内容は別紙に定める」としてもいいでしょう。

「業務を細かくプロセスに分解・把握したうえで担うべき業務をまとめてパッケージ化すること」により、お互いに担うべき業務が明確になり、〝半〟個人事業主側も業務を一括して行なうことが可能になります。手間はかかりますが、業務委託契約の締結前には、ぜひこのように業務プロセスを分解し、「見える化」しておくことをおすすめします。

ただし、会社がシニアの〝半〟個人事業主に求めている機能・役割は、派遣社員や

図 3 - 08　業務委託の対象プロセスの確認表【採用業務サポートの例】

	業務要素	役割/担当	委託業務
□	次年度採用計画の策定	会社（委託元）	対象外
□	社内経営会議で採用計画の承認	会社（委託元）	対象外
□	採用スケジュールの作成	会社（委託元）	対象外
□	面接官研修の企画	“半”個人事業主	
□	面接官研修の会場確保	“半”個人事業主	
□	面接官研修の運営、講師登壇	“半”個人事業主	
□	候補者リストの集約	“半”個人事業主	
□	面接日程割り振り（ポスト、時間帯）	“半”個人事業主	
□	応募者の会場誘導	“半”個人事業主	
□	面接官対応	“半”個人事業主	
□	面接結果記録表の作成（所定フォーム）	“半”個人事業主	
□	面接結果の報告	“半”個人事業主	
□	合否判定会議への参加	“半”個人事業主	
□	合否判定会議での意見表明（要請があった場合）	“半”個人事業主	
□	応募書への合否通知	会社（委託元）	対象外
□	合格者への労働条件通知	会社（委託元）	対象外

個人事業主として担う業務プロセス
↓
業務のパッケージ化

外部コンサルタントに求めているものとは異なります。派遣社員や外部コンサルタントには業務の内容をこと細かに説明する必要がありますが、**一から十まで説明しなくても今までの経験を踏まえて自分の裁量・判断で仕事をこなしていくこと**が〝半〟個人事業主には求められています。

あまり杓子定規に「契約書に記載されていない三遊間のゴロは拾わない」というスタンスではシニアに期待されている役割を自らスポイルすることになります。ある意味では、「阿吽の呼吸」「その場の空気を読みながら動く」ことがシニア〝半〟個人事業主に対して期待されており、まさにこの点が実は**ほかには代替できない〝半〟個人事業主の強**みになっています。

【報酬額の設定】

▼報酬設定の基本的な考え方

個人事業主の報酬は、自分の提供するサービスが市場でどれくらいの価値で評価されるか、いわゆる市場原理で決まります。**サラリーマンとは異なり、働いた時間に比例して報酬が決まるのではありません。「かけた時間」ではなく「出した成果」を評価して決められるのが個人事業主の報酬の基本です。**

しかしながら、〝半〟個人事業主として最初に契約する報酬水準に関しては、クライアント企業の要求する業務内容・水準や〝半〟個人事業主側の実力なども異なりますので、市場相場で決めることは難しいのが実状です。

特に〝半〟個人事業主として**今勤務する会社と初めて報酬額を設定する際**には、会社側もどうしても今までの勤務日数と関連付けて報酬額の設定を考えますので、**週5回サービス提供（勤務日数というと雇用のイメージが強くなります。ここではサービス提供回数と記します）とするのか、週2～3回とするのかによって総報酬額は変わってくることはまず前提としてご理解ください。**

それでは、〝半〟個人事業主が初めて今まで勤務していた会社と業務委託契約で働く際の報酬のベースはどのように考えたらよいでしょうか？

〝半〟個人事業主の報酬額設定の際にベースとなるのが雇用で働いていた（働いた）と想定した場合の**〝実質〟給与**です。会社に提案する報酬額は、**「もしそのまま雇用契約で働いていたら会社としていくら負担するか」**をベースにして、そのうえで個別条件を加味して決めていくと双方納得性が高い合意に至りやすいです。

このベースとなる給与は、サラリーマンの給与明細に示されている額面の額だけではありません。会社は、労働者を雇用することによって表面上の給与以外にさまざまな費用を負担しています。**支払い額の1・4倍の金額が会社が実質的にサラリーマンを雇用する際に負担している額**だと言われることが多いですが、会社の人事の担当者も額面の1・4〜1・5倍を会社は負担しているという認識を基本的に持っています。

そのような**隠れた会社負担分を織り込んだうえでの〝実質〟として会社が負担している金額をベースに〝半〟個人事業主の報酬額を想定し、会社との交渉に臨むことになります。**

目に見える給与以外に会社が負担しているものにはどのようなものがあるのでしょうか?

前項でも解説しましたが、サラリーマンの社会保険・労働保険は、会社と労働者が折半しています。給与から控除されている金額と基本的に同額を拠出して社会保険事務所や健康保険組合、労働保険に関しては労働基準監督署(国)に納めているのです(労働保険のうち、労災保険に関しては、労働者側の負担はなく、全額会社側が納めています)。

この部分が個人事業主とサラリーマンで大きく取り扱いが異なる部分になりますが、

個人事業主の報酬設定の際には、この会社負担分をグロスアップ（上乗せ）して考えます。

こうした費用を「法定内福利費」といいますが、法定内福利費以外にも会社が負担している金額があります。「法定外福利費」とも呼ばれますが、住宅関連費（住宅費補助や社宅など）、医療・健康費（人間ドック補助、会社独自のヘルスケアサポートなど）、ライフサポート（社内食堂での安価での昼食提供、福利厚生施設の利用サポートなど）、慶弔関係（結婚祝い金、弔慰金などの慶弔金など）が該当します。

また、60歳定年以降は適用外になる場合が多いですが、退職金関係（退職一時金、退職年金など）も会社が負担しています。

また、サラリーマンの場合には年次有給休暇の付与が毎年ありますが、これも給与明細には表れない会社負担の制度です。ミドルシニアの皆さんは、勤続も長いので年間20日間付与されている方が多いのではないでしょうか。

手当関係も個人事業主化によってなくなるので、この分も考慮します。金額の大きなものだと賞与（ボーナス）がその最たるものです。通勤手当も個人事業主化でなくなるので、業務委託契約で実費請求という方法にしない場合には通勤費用も織り込む必要があります。

▼経団連福利厚生費調査のデータから会社の負担金額を推測する

こうした会社が裏で負担している金額を試算するデータとして経団連が１９５５年度から毎年実施している福利厚生費調査を使って試算してみます。経団連福利厚生費調査は、半世紀以上にわたる企業の福利厚生費の動向を把握できる、唯一の調査であり、筆者も厚生制度検討の際にはよく参考データとして活用していました。

この福利厚生費調査ですが、残念ながら第64回目の調査である２０１９年をもって終了になっているので、今回は最終回の２０１９年の調査結果を利用します。

この福利厚生費調査では、54万７３３６円という現金支給総額が出ています。現金支給総額に対する法定内福利費（社会保険等）、法定外福利費、退職金の比率を出してみると、法定内福利費15・４％（８万４３９２円／54万７３３６円＝15・４％）、法定外福利費４・４％、通勤費１・６％、退職金８・７％となります。

仮に給与月額を30万円＆賞与４カ月分１２０万円（年４８０万円）と置き、先ほどの比率を使って法定福利費を計算すると、法定内福利費73・9万円、法定外福利費21・1万円、通勤費7・7万円、退職金41・8万円となります（いずれも年間金額）。また、年次有給休暇分を20日間分とすると30万円（30万÷20日×20日間）になります。

これをすべて合計した金額が雇用の際に会社が実質的に負担している金額になります。今までの説明を図にまとめたのが次ページの図3－09です。

図3－09は、退職金も含めたグロスでの会社負担分です。60歳未満の方には、退職金の積み上げがあるので、この積み上げを参考にしていただければと思います。総額で年間654・5万円、月間で54・5万円になります。

額面480万円に対してグロスアップ後の金額が654・5万円なので倍率は1・36倍となり、巷で言われる1・4倍にほぼ近い数字です。

177ページの図3－10は、退職金負担がないケースです。60歳以降では多くの会社で退職金に関する会社拠出はなくなりますので、退職金を図3－10から除いています。この場合では、年間612・7万円、月額51・1万円です。

会社は、雇用から業務委託に切り替える際にこの目に見えない会社負担分をグロス

図3-09　雇用と業務委託

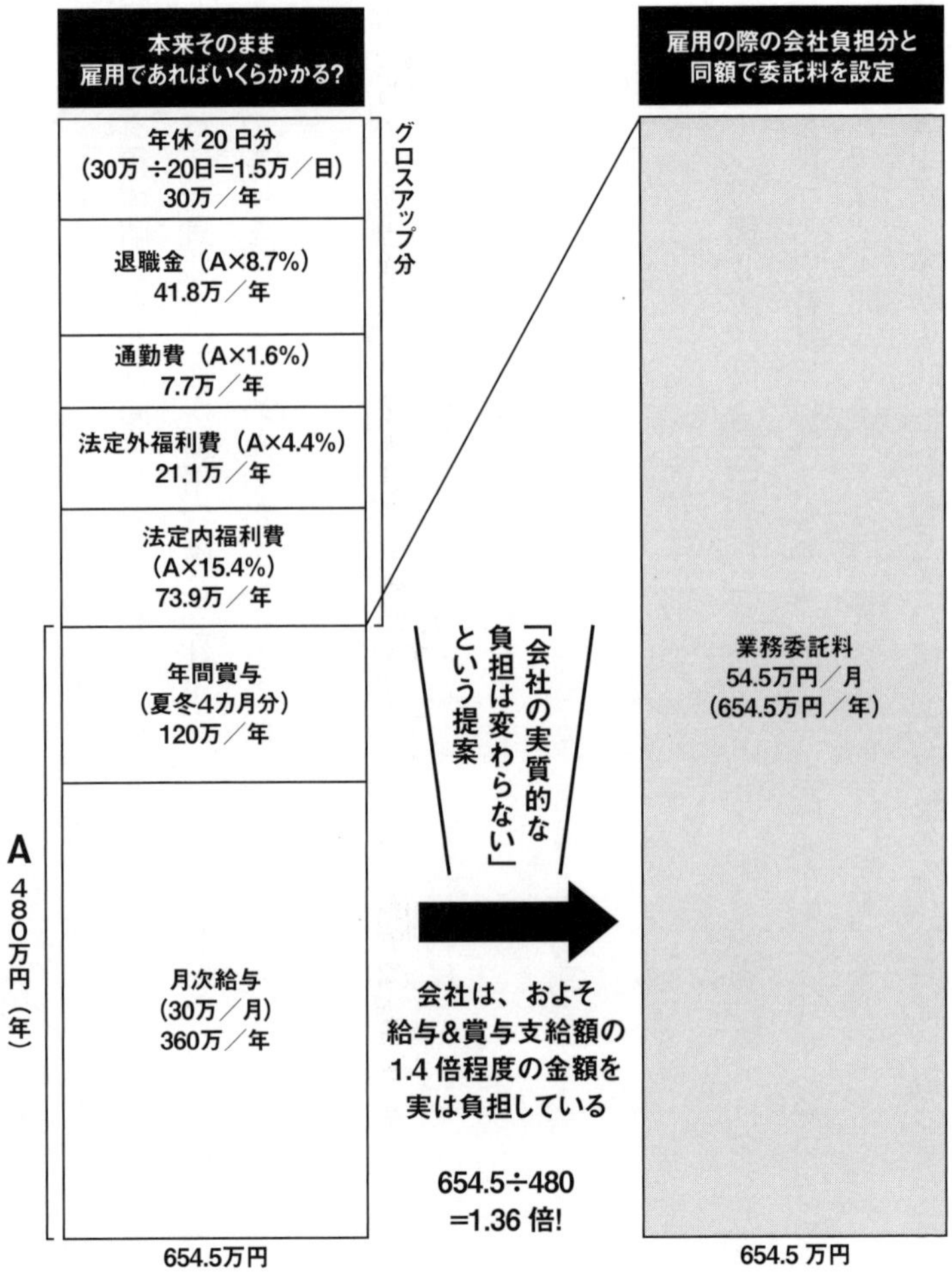
本来そのまま
雇用であればいくらかかる?
年休20日分
(30万÷20日=1.5万／日)
30万／年
退職金（A×8.7%）
41.8万／年
通勤費（A×1.6%）
7.7万／年
法定外福利費（A×4.4%）
21.1万／年
法定内福利費
（A×15.4%）
73.9万／年
グロスアップ分
年間賞与
（夏冬4カ月分）
120万／年
月次給与
（30万／月）
360万／年
A
480万円（年）
654.5万円
「会社の実質的な
負担は変わらない」
という提案
会社は、およそ
給与&賞与支給額の
1.4倍程度の金額を
実は負担している
654.5÷480
=1.36倍!
雇用の際の会社負担分と
同額で委託料を設定
業務委託料
54.5万円／月
（654.5万円／年）
654.5万円

図 3-10　雇用と業務委託（退職金分を除く試算）

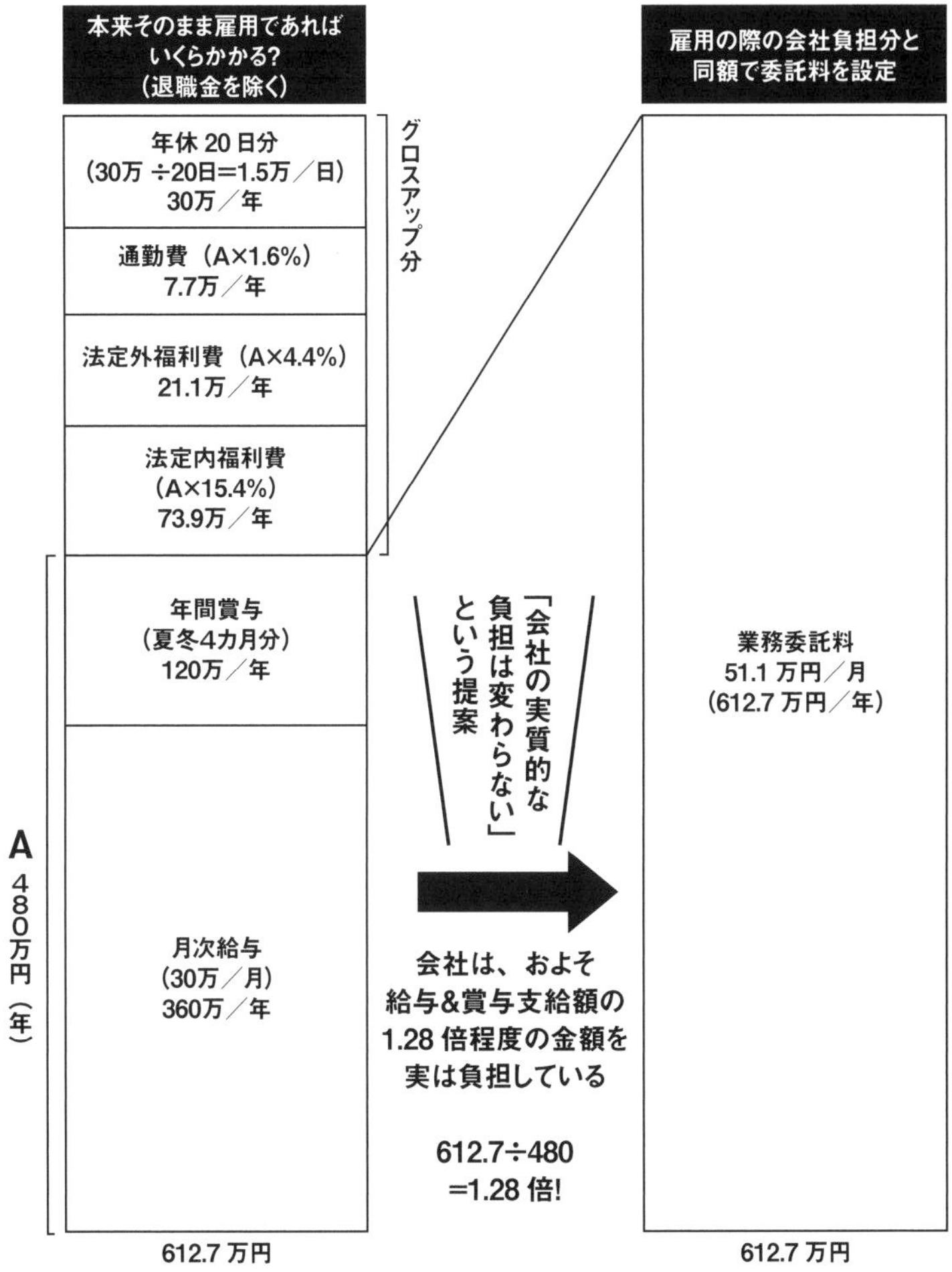

本来そのまま雇用であれば
いくらかかる?
(退職金を除く)
雇用の際の会社負担分と
同額で委託料を設定
年休 20 日分
(30万 ÷20日=1.5万／日)
30万／年
通勤費（A×1.6%）
7.7万／年
法定外福利費（A×4.4%）
21.1万／年
法定内福利費
(A×15.4%)
73.9万／年
グロスアップ分
年間賞与
(夏冬4カ月分)
120万／年
月次給与
(30万／月)
360万／年
A 480万円（年）
「会社の実質的な負担は変わらない」という提案
会社は、およそ
給与&賞与支給額の
1.28 倍程度の金額を
実は負担している
612.7÷480
=1.28 倍!
業務委託料
51.1 万円／月
(612.7 万円／年)
612.7 万円
612.7 万円

アップしても実質的には会社としての負担は変わらないので、報酬設定の1つの目処がこの水準になります。

▼「自由に使える時間」を確保する

本書巻末の番外編で紹介しますが、すでに個人事業主化を果たした皆さんの多くが指摘する通り、個人事業主となったら、フルタイムではなく稼働日数を減らし、「〝半〟個人事業主」から「個人事業主」にシフトするための活動時間を確保することを想定しておく必要があります。

その場合の考え方を示したのが次ページの図3－11です。ベースは60歳以降で退職金の積み上げはすでにないケースで想定しています。サラリーマンの場合には、年間612・7万円を会社負担していることになります。このベースで勤務日数を週5日から週3日に変更することを提案します。

まず金額的には稼働しない日数分が減額になるので、612・7万円×3／5＝367・6万円となります。この金額は月額30万円（賞与なし）の年間年収（360万円）とほぼ同水準です。すなわち、「今サラリーマンとしてもらっている（あるいは今後支

図3-11　雇用と業務委託（退職金分を除く試算）

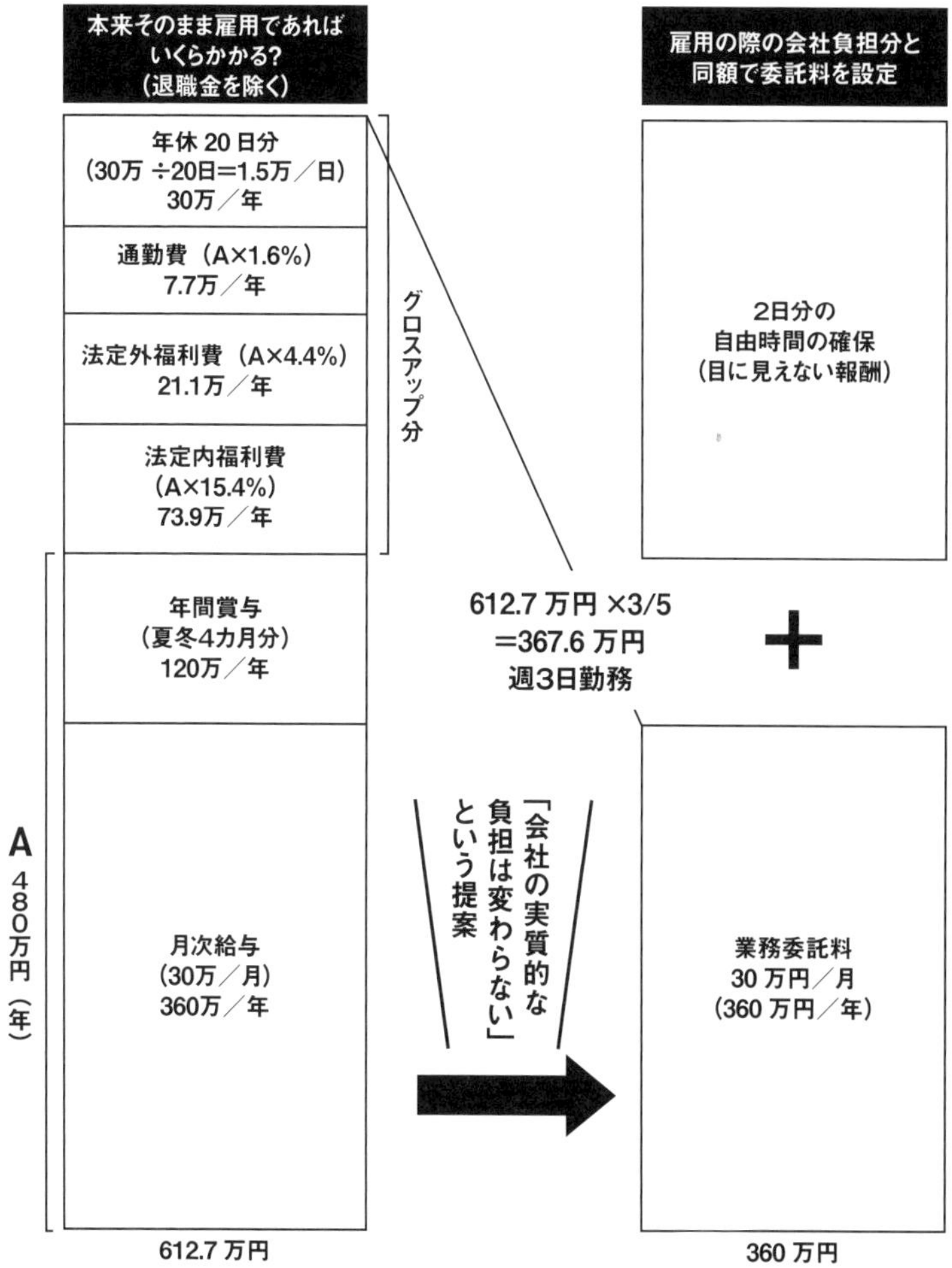

給される）月額給与と業務委託料は同額でいいから、代わりに出勤日数を週3日に変えてくれ」という交渉をしても条件的には同じということになります。報酬額は当然減額になりますが、余った2日間で今の会社以外のクライアントの拡大に時間を投入する戦略です。

なお、以上の試算はあくまでもモデルでのグロスアップです。実際の試算の際には、もちろんご自身の状況に応じた金額でシミュレーションされるのが一番です。

▼初めは「定期収入の確保」を最優先する

ここまでサラリーマンとして働いていたときの実質給与をベースに個人事業主の報酬を設定する考え方を解説してきましたが、**この水準に固執することも危険**です。

最終目標は、ただ雇用契約を業務委託契約に代えることではありません。〝半〟個人事業主からスタートし、複数のクライアントとパラレルに業務委託契約を結んでいくことにより、得意な領域（苦にならない領域）でエイジレス（年齢に関係なく）に働ける状況を作ることにあります。

クライアントの見込みなしで独立すると、軌道に乗るまではどうしても時間がかかり、その間は無収入というケースも十分想定されます。こうしたリスクを低減するための戦略が〝半〟個人事業主戦略ですので、まずは契約成立を優先してグロスアップの想定報酬にこだわらずに柔軟な対応（報酬額はサラリーマン時代より実質的には減額する場合であっても受けるなど）を取ることも必要です。

筆者の場合でもサラリーマン時代からはずいぶん減額になりましたが、**まずは定期的な収入源を確保することを最優先**としました。

また、グロスアップ後の報酬での契約では会社側に実質的な経済的メリットはありません。かえって管理する手間が増えるだけと思われては元も子もありません。**契約を成立させるために状況に応じて会社側にメリットがあると思わせる条件設定をすることも〝半〟個人事業主としての駆け引きです。**

繰り返しになりますが、個人事業主の報酬は市場価値で決まるのが原則であり、グロスアップ後の給与をベースにするというのも1つの考え方にすぎません。ご自身の状況（強気に出られるか、会社がネガティブな反応かなど）に合わせて報酬額は設定し、会社と交渉していただければと思います。

▼週5日働く必要性は本当にあるのか？

サービス提供回数について補足です。

今回のコロナ禍は、多くのサラリーマンにとってこれからの自分自身の働き方をあらためて考える大きなきっかけになりました。テレワークの経験により、一日中フル稼働していたと思い込んでいた自分の仕事時間の中にかなりの隙間時間が存在することや朝夕の通勤時間の無意味さに気づいた方は多いでしょう。

特にシニア層に顕著ですが、役職定年後や定年再雇用後には明らかに責任ある仕事は減少します。役職定年により、今まで参加していた管理職会議がなくなり、部下の評価など管理職としてのマネジメント業務がなくなります。次ページの図3－12のようなイメージです。

管理職時代より明らかに業務量が減っているのですが、多くのケースで新たな役割をアサインされることもなく、また、仕事の期待値を具体的に示されることなく、従来通りフルタイムで働いています。

今まで週5日でやっていたのに週3日でできるわけはないと思われるかもしれませ

図3-12　役職定年でシニア社員が暇になる理由

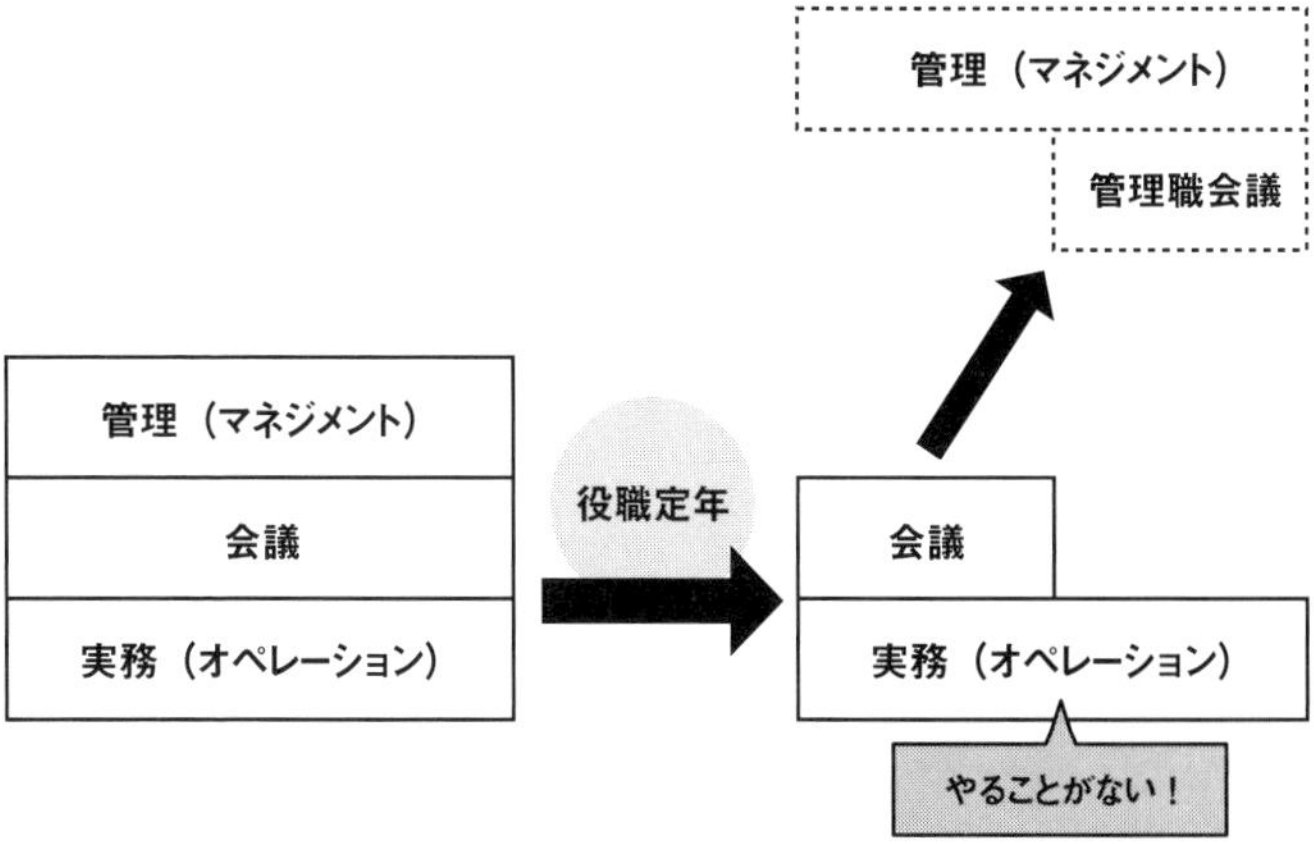

んが、個人事業主化を目指す皆さんには、ぜひ今の業務を第三者的な視点で見直し、週5日ではなく週3日で完了させることを考えてみてください。週5日から週3日に減らすことで実質的に増えた可処分時間を今の会社以外のクライアント拡大に充当する、あるいは自分の生き方・将来の方向性を探る内省の時間に充当することでセカンドキャリアの幅も広がり、充実したライフキャリアを歩めるようになります。業務委託契約を提案する際には、ぜひご検討ください。

会社への提案にあたっての注意

会社への提案にあたっては、個人事業主に関して**ご自身が十分その特徴を理解したうえで双方にメリットがあることを会社にきちんと説明し理解してもらう**ことが業務委託契約締結のポイントです。

ここでは、具体的な提案ステップについて解説します。

まずは、〝半〟個人事業主化の提案のタイミングです。4つの大きなタイミングがあります。時系列でいうと、**①役職定年、②定年退職、③定年再雇用後の毎年の契約更新、④65歳での再雇用契約満了時のタイミング**です。切り替え成立の可能性は、逆に④→③→②→①の順にハードルが下がると考えてください。

まずは、②定年退職のタイミングです。現状では7割強の企業が60歳を定年としています。厚生労働省の「令和4年就労条件総合調査結果の概況」をみると、一律定年制を定めている企業のうち、「60歳」を定年年齢としている企業の割合は72・3％。企業規模別にみると、「1000人以上」が79・3％、「300～999人」が81・7％、「100～299人」が76・6％、「30～99人」が69・8％となっています。

65歳までの定年延長は徐々に進んでいますが、まだ70％超の企業は60歳定年を維持していることがわかります。また傾向として、規模の大きな会社は、60歳定年としている企業の割合が高く、定年延長に慎重な姿勢がうかがわれます。皆さんがお勤めの会社も60歳定年という規程が多いのではないでしょうか？

この定年のタイミング前に会社は従業員に対して60歳以降の就労希望を確認します。早い企業では1年以上前から、多くの企業では遅くとも3～6カ月前から上司により定年後の就労希望に関するヒアリングが行なわれます。

ここで社員が「就労希望有」ということになれば、会社は60歳以降の職務を設定し、（多くの企業で）1年間限定の契約を締結します。給与は現役時の5～6割まで下がるというのが一般的な相場です。そのあとは、1年ごとに契約を更新し、特に大きな問題がなければ高年齢者雇用安定法により65歳まで契約社員（会社によって嘱託、シニアパートナーなど呼び方はさまざまです）として雇用します。

この**ヒアリングのタイミングが「業務委託契約」を会社に打診するチャンス**になります。定年により今までの契約はゼロクリアになるので、会社としては、再雇用でも業務委託契約でもどちらの場合でも新規契約の締結になります。しかしながら、多くの企業では、定年後は再雇用で対応するケースに慣れているので、業務委託契約に対しては即答ができないケースが多いと思われます。そのためにも会社側の検討時間を含めて、ぜひ1年前くらいには打診しておくことがポイントです。

仮に60歳以降の就労希望ヒアリングが1年前にない場合でも、日頃からキャリア面談などを通じて上司に自分の希望を伝えておくことが重要です。熱意を持って提案すれば、上司も支援をしてくれます。上司も自分で判断がつかない場合には人事部に相談するので、そこでの調整期間を確保することも必要になります。

また、業務委託で契約したいという意向を伝える際には、**強い希望を伝えると同時にそれに固執しない姿勢を見せておくこともポイント**です。「業務委託契約ができないなら辞めます」というニュアンスで会社に伝わっては元も子もありません。「強く希望しつつ、今回ＮＧの場合には通常通り再雇用での就労を希望する」ことをきちんと伝えておく必要があります。
第1章でも解説した通り、副業・兼業の拡大、改正高年齢者雇用安定法により65歳以降の措置として業務委託契約の締結が方策として入れられたこともあり、企業側も業務委託契約を締結し仕事をしてもらうことに抵抗感がなくなってきています。十分な準備をして会社へ提案することで再雇用からの切り替えが十分可能な環境は整いつつあります。

続いて③定年再雇用後の毎年の契約更新のタイミングです。
多くのシニアは再雇用後、何もしなくても65歳まで契約が続くと思っていますが、そうではありません。毎年契約の更新があります。あなたの会社の再雇用規程にもよりますが、多くの会社でその仕事遂行に耐えられなくなった場合（健康上の理由など）には、契約は更新しない旨が記載されています。**60歳以降の再雇用は、プロ野球選手の契約更新と同様**に考えておけば安心です。

60歳定年再雇用後に1年間契約した業務を実際に行なってみると、「本当に担うべき業務は何か」、「繁閑の程度」などが具体的に見えてきます。会社も「実は毎日フルタイムで来てもらうほど業務はない」、「テレワークで十分対応可能」と思っているケースも多いです。このタイミングで「業務委託でも今の再雇用の業務は対応可能」「勤務日数もフルタイムでなくても可能」と会社に伝え、業務委託契約への切り替えをはかります。定年時のタイミングでは、実際の業務ボリュームや役割が見えていないので、業務委託契約への落とし込みが難しいことが多いですが、再雇用で実際に1年間仕事をしたあとであれば、雇用契約での不具合も見えてきます。65歳まで4回の更新タイミングがあるので、このタイミングを虎視《こし》眈々《たんたん》と狙うのも現実的な対応です。

続いて、④65歳での再雇用契約満了時ですが、このタイミングでは**業務ニーズがあれば契約締結は容易**です。高年齢者雇用安定法の措置に即した対応になりますので、会社は特に拒む理由はありません。65歳以降の場合でも事前準備なしでの業務委託への切り替えは不可能なので、この章で解説してきた事前準備は済ませておくことが必要です。

最後に①役職定年のタイミングです。多くの企業で55歳を役職定年年齢としていますが、バブル入社世代（1988～1992年入社）や団塊ジュニア世代（バブル入社世代より少し下の世代）に対して余剰感を持つ企業は多いです。早期退職制度の対象となるのもこの世代ですが、役職定年のタイミングでは、仕事の責任、担うべき役割も大きく変わること、会社も雇用という〝重たい契約〟を解消して自由度の高い業務委託契約に切り替えたい（業務委託に切り替えることでヘッドカウント管理の対象外になる。労務費ではなく経費になる）というニーズも持っているので、業務委託契約への転換の可能性は大いにあります。

以上、4つの提案タイミングについて解説しましたが、**提案はまずは直属の上司に打診する**ことになります。その提案について上司個人で判断がつかなければさらに上の上司、最終的には人事に相談が行きます。一般的に業務委託契約を日常的に利用している会社では各部署がこうした契約締結に慣れているので、各部署の判断優先でスムーズにいくケースが多いです。その一方大企業などで人事部がすべて確認しているような会社では、個別の部署判断ではなく、人事部の判断が必要になるケースが多いです。

上司とはこうしたタイミング以外でも常日頃から自分の希望する働き方について伝

え理解を得ておきましょう。上司にはあなたのサポーターになってもらい、上司が自信を持って人事に相談できるように事前の情報提供（人事が心配しそうな指揮命令の件など）をしておくことも〝半〟個人事業主化実現のためのポイントです。

第3章のまとめ

・会社と業務委託契約を締結する際は、自分から主体的に会社人事に対して知識・情報を提供し、双方が安心して契約を締結できるようフォローする。

・〝半〟個人事業主は勤務管理の対象外になるので、時間外（残業）とか休日出勤（休出）という概念はないし、残業手当や休日出勤手当は支払われない。サラリーマン時代との意識の切り替えが必要。

・個人事業主になると都道府県および市区町村が運営する国民健康保険（国保）に加入することになる。また、会社負担分がなくなるため、サラリーマン時代に収めていた健康保険料より負担が増える傾向がある。

・〝半〟個人事業主は、業務委託契約（や請負契約）を会社と締結して仕事をしていくことになるので、まずは業務委託契約書のたたき台を個人事業主側で作成する必要がある。

・「業務を細かくプロセスに分解・把握したうえで担うべき業務をまとめてパッケージ化すること」により、会社との間で担うべき業務が明確になり、〝半〟個人事業主側も業務を一括して行なえるようになる。

・「かけた時間」ではなく「出した成果」を評価して決められるのが個人事業主の報酬の基本。会社に提案する報酬額は、「もしそのまま雇用契約で働いていたら会社としていくら負担するか」をベースにする。

・〝半〟個人事業主化の提案には、4つの大きなタイミングがある。時系列では、①役職定年、②定年退職、③定年再雇用後の毎年の契約更新、④65歳での再雇用契約満了時のタイミング。切り替え成立の可能性は、逆に④→③→②→①の順にハードルが下がる。

・④65歳での再雇用契約満了時は、業務ニーズがあれば契約締結は容易。

第4章

〈ステップ03〉スタート期

「〝半〟個人事業主」としてスタートを切る

method 27

「〝半〟個人事業主」になったことを広く周知する

退職時がポイント

無事クライアント（今の会社、あるいは今の会社と関係の深い会社など）と業務委託契約を締結して仕事をすることが決まったら、いよいよ〝半〟個人事業主として活動スタートです。

このタイミングでまず行なうことは、**サラリーマンを辞めて個人事業主になったことを広く知ってもらうこと**です。

会社を離れるサラリーマンの多くは、退職間際にＢＣＣメール（複数の宛先に同時送信する際、誰に送信したかわからないように宛先を表示しないメール）でお世話になったことを伝えておしまいです。退職日直前にメールを受け取って、こちらから「ご苦労様でした」と返信しようと思っても、すでにご本人は退社されていたり、あるいは情報セキュリティーの関係でこちらからのメールが届かないようにＩＴ部門によりブロックされているケースもよくあるケースです。

退職後の個人メールアドレスが記載されていれば、まだ退職以降もコンタクトできますが、決まりきった定型文のみで、退職後の連絡先を記載していないケースも多いです。

多くの方は、この最終日のメール挨拶のみで長年の関係を終わりにしてしまいますが、これから〝半〟個人事業主さらには個人事業主として新たな一歩を踏み出す予定の皆さんはそれではいけません。ここからが勝負です。

サラリーマンとして長年働いてきたのだから今までのことは忘れてしばらくのんびりしようと思いがちです。もちろんのんびりしてもかまいませんが、**自分が〝半〟個人事業主として独立したことの周知（メールではなくハガキなどで挨拶状を出すことをおすすめします）だけは、このタイミングで実施することを忘れてはいけません。**「いつかそのうち」と思っていると、ずるずると先送りにしてしまい、タイミングを逃がし、気がついた頃には「今さら退職の案内をしても時期外れだな」となってしまいます。

会社を辞めたタイミングであれば、在職中はそれほど付き合いのなかった人も含めて幅広く挨拶状を出しても不自然な印象はありません。挨拶状を受け取った側も「よく自分のことを覚えていてくれたな」と親しみを感じるでしょう。

弱い紐帯の重要性

「弱い紐帯《ちゅうたい》」という言葉をご存じでしょうか？　1973年にスタンフォード大学教授のマーク・S・グラノヴェターが発表した社会ネットワークの概念です。

これは、家族や親友、職場の仲間といった社会的に強いつながりを持つ人々よりも、友だちの友だちやちょっとした知り合いなど社会的なつながりが弱い人々のほうが、自分にとって新しく価値の高い情報をもたらしてくれる可能性が高いという説です。

社会的に強いつながりを持つ人々は生活環境やライフスタイル、価値観などが似通っているために、自分と同じ情報を持つことが多くなります。一方、つながりが弱い人々であれば、自分とは違ったライフスタイルや価値観などを持つので、思いもよらない情報を与えてくれる存在になり得るということが、弱い紐帯が重要な効果を発揮する理由です。

「人脈」というと、どうしても「強固なつながりを持つ昔からの大親友的な関係でないと役に立たない」「中途半端な関係性の人脈など不要」と思いがちですが、決してそうではありません。

筆者の経験でも、仕事上のコラボは、昔からのよく見知った友人・知人とのコラボはほとんどありません。仕事の紹介も、強い紐帯からは少なく、「ある時期、同じコミュニティに属していたが、その当時はほとんど話したこともない」というようなまさに「弱い紐帯」の人を経由してのほうが圧倒的に多いです。

今まで長年付き合ってきた社内の親友くらいしか人脈としては役に立たないと思いがちですが、必ずしもそうではありません。弱い紐帯をもう一度確認して掘り起こすチャンスの1つがこの退職時の独立挨拶です。

挨拶状を広く発信するためには

退職&独立の挨拶が重要であることをご理解いただけたでしょうか。「重要性はわかった。それでは挨拶状を発送しよう！」と思ったときに困るのが実は宛先です。

昨今の個人情報管理の強化により社員の住所録を作っていない会社も多いです。また、虚礼廃止、ＬＩＮＥなどのＳＮＳの普及により、年賀状の発送をやめた人も多く、「会社のメールアドレスはわかるが、個人の住所はわからない」というケースが多いのではないでしょうか。

また、お世話になった社外の方に挨拶状を出そうと思っても、退職してしまうと「会社名はわかるが正式の部署名や正確な氏名（苗字はわかるが下の名前は忘れた！）がわからない。会社のメールアドレスもわからない」ケースも多いです。

フェイスブックなどでつながっていれば連絡の取りようもありますが、多くのサラリーマンは、会社の情報セキュリティ規定により、ＳＮＳを使っていないのが実態です。こうした事態を避けるためにも、お世話になった社内外の人については、在職中から部署名、氏名などをきちんと覚えておく必要があります。

当然ですが、退職と同時に社内メールにはアクセスできなくなります。「社内メールを見ればお世話になった社外の○○さんの部署名や氏名がわかるのだが」と言っても後の祭りです。やはり、在職中からできれば個人レベルのつながり（個人間の年賀状のやり取り、個人メールアドレスの交換など）を作っておくのがベストです。

なお、在職中に受け取った名刺をエクセルで一覧化した名簿（個人情報データベース）

などを退職時に自宅に持ち出すことは個人情報保護法違反になるので注意が必要です。

また、退職時の挨拶状ですが、なかなかネットを探しても事例が見つかりません。筆者もサラリーマンを卒業したときに独立の挨拶状を出す際には苦労しました。あまりよい例ではありませんが、筆者がサラリーマンを辞めた際に出した挨拶状（ハガキ）の文章をご参考までに掲載しておきます（次ページ図４－01）。

図 4 - 01　退職時の挨拶状(筆者の例)

退職及び独立開業のご挨拶

拝啓　時下ますますご清祥のこととお慶び申し上げます。日頃は格段のご厚情を賜り厚く御礼申し上げます。

さて、去る二月末日をもちまして、○○○会社時代から通算して三十年間お世話になりました△△△株式会社を退職いたしました。

　今後は、“雇用”という形態にとらわれず、ご要請いただいた企業様に対して“人事領域における独立業務請負人（IC＝インディペンデント・コントラクター）”及び“相続を専門領域とする行政書士”として、お役に立てればと思っております。

　在職中は公私にわたり温かいご指導とご厚情を賜り誠にありがとうございました。心から感謝申し上げるとともに厚く御礼申し上げます。

三月以降は、“先発・中継ぎ・ストッパー”など、弾力的なローテーションを組んでご要請先の人事チームに“登板”させていただき、三十年間の人事経験と労働法制に関する知識を何らかの形でお役に立てるよう誠心努力いたす所存でございます。

今後一層のご指導お引き立てを賜りますようお願い申し上げます。

まずは略儀ながら書中をもってご挨拶申し上げます。
また、あらためてご挨拶にお伺いさせていただければと存じます。

敬具

平成二十六年三月吉日

記

1. 事務所名	リスタートサポート木村勝事務所 行政書士 木村勝事務所
2. 代表者	木村 勝（きむら まさる）
3. 事務所所在地	東京都杉並区西荻南
4. 電話／メールアドレス	○○○○○／△△@gmail.com

アナログではあるが長い目で見ると効果的な時候の挨拶

ハガキでの挨拶状など時代遅れだと思われる方もいるかもしれません。しかし、筆者は、独立以降継続して年賀状と暑中見舞いは出しています。さすがにフェイスブックでつながっている方には、「屋上屋を架す」感じなので最近は出していませんが、SNSでつながっていない方を中心に毎年この2つの時候の挨拶ハガキは出し続けています。特に暑中見舞いのハガキは出す人も少ないので、意外感もありおすすめです。毎年涼しげなデザインを選んで出しています。

年賀状や暑中見舞いを出したらすぐに仕事に結び付く、というわけではありません。当然のことですが、ほとんど返信はありません。それでいいのです。筆者の場合、年賀状などの時候の挨拶は、「仕事を獲得するため」よりも**「自分の生存報告（まだやっています）」のために発送**しています。

「木村さんも独立したと言っていたけれど、今頃はあきらめて辞めたのかな」などと思っている方に対して「今もやっています！」というメッセージです。

ハガキは確実に先方の手元に届いています。ハガキ1枚63円、200枚出しても1

万2600円です。この値段で相手に確実に届き、しかも読まれる販促ツールはほかにありません。

こうした地道な営業活動が花開くパターンは、次のようなケースです。

サラリーマン時代に同じ会社の社員同士、あるいはお互いに会社の看板を背負った違う会社のサラリーマン同士という「弱い紐帯」関係にあった方に独立後も年賀状や暑中見舞いを送ります。先方もまだ以前の会社に勤めているので、年賀状や暑中見舞いを出しても特に反応はありません。ある意味「なしのつぶて」です。

こうした状況も年月が経つにつれて変化し、相手も別の会社に出向したり転職したりするケースが増えてきます。大企業に勤務していたときには、部下も多く、筆者のような外部の個人事業主に仕事を依頼するニーズがなかった場合でも、出向転籍後の会社や転職した会社では状況が変わります。

たとえば、「社長からジョブ型雇用を検討せよ」という指示があった場合に、「今の会社ではその仕事を担う専門知識を持つ社員がいない。どうしたことか……」「雇用では雇えないがスポットで手伝ってくれる便利屋はいないかな」といったニーズが発生してきます。

そうした状況下に知り合いの（筆者のような）個人事業主から「スポットでサポートいたします」といった**ハガキがタイミングよく届くと、「個人事業主に相談してみようか」**ということにつながってきます。もちろん、すべてがこのようにうまくいくわけではありませんが、このように定期的な「生存報告を発信しておく」ことにより、自分の存在を常に意識してもらえます。「そういえば○○さんがいたな」と思い起こしてくれるかくれないかで勝負が決まります。

method 28

開業準備について

第3章でサラリーマンと個人事業主の違いを解説しましたが、この章では一国一城の主である個人事業主としてスタートを切るにあたって必要な手続きについて説明します。

独立開業時の手続きに関しては、ネットを検索すると数多くのサイトがヒットするので、書類の記入方法など詳細はそちらを参照していただくことにして、**筆者が個人事業主として実際に独立した際にわかりにくかった点を中心に説明**します。

税務署への開業届

副業・兼業といった〝片手間〟ではなく、**〝半〟個人事業主として本格的に事業をスタートする場合には、税務署へ開業届を提出する**ことになります。開業届とは、個人事業を開業したことを管轄の税務署に届け出る書類のことです。

筆者の場合は、自宅が賃貸で各種登録（行政書士事務所登録など）をするのが難しかったため、外部に超狭小のレンタルスペースを借りました。開業届は管轄の税務署に提出することになっていますが、自宅のあるエリアの管轄税務署に出すのか、それともレンタルスペースのあるエリアの管轄税務署に出すのかでまず迷いました。結論を言うと、個人事業主の場合にはあくまでも個人が事業を行なっている形なので、**自宅を管轄する税務署が提出先**になります。

また、「開業届は開業の事実があってから1カ月以内に提出しなければならない」と所得税法に定められているので、「すぐに出さないと罰則があるのでは？」と思ってしまいます。しかし、提出しないことによる罰則はありません。また、1カ月以内に提出することがもちろん推奨されますが、現実的には開業日が提出日より1カ月以上前でも特に問題なく税務署は受領してくれるようです。

この開業届の提出に関する注意です。**会社を退職することを決めた場合でも、あなたが「当面は職探しをしながらゆっくり考えよう。個人事業主としてセカンドキャリアを踏み出すのもいいかな、あるいは転職して違う会社で働くのもいいいな」といった**

状況の場合には、その提出は要注意です。

会社の雇用保険に加入していた人が失業した場合に受給できる手当に失業手当があります。開業届を出すことで個人事業主として活動を始めたことになり、「失業状態」ではなくなるので、**開業届を出すと失業手当が受給できなくなります。開業したものの売上がないからといっても失業手当は受給できません。**もし今後、〝半〟個人事業主として仕事をしていくか未定で、転職することも考えているような場合で失業手当の受給を検討しているのであれば、開業届はすぐには出さないほうがいいかもしれません。

もちろん、今の会社（あるいは今まで関係の深い会社）と〝半〟個人事業主として業務委託契約を締結して本格的に個人事業主として働いていくことが決まっているのであれば、開業届を提出して事業をスタートします。

個人事業主として開業届を提出することの主なメリットは次の通りです。

① 節税効果の高い青色申告を利用して確定申告ができること

開業届とあわせて「青色申告承認申請書」を提出すれば、確定申告の際に青色申告を行なうことができるようになります。

簡単に言うと、きちんとした帳簿をつけて管理すれば、売上から以下の特別控除額を引くことができるという制度です（控除後の金額に税率が乗じられるので所得税が安くなります）。

特別控除の額は、記帳方式を簡易簿記とした場合には10万円、複式簿記とした場合で税務署の窓口で確定申告を行なう場合は55万円、e－Taxでの申告では65万円です。

▼家族に給与が払えるようになる

開業届を提出後に青色申告を行なうとき、**事業において家族を従業員（青色事業専従者）として給与を支払う際に、その給与は全額を経費計上できます。**

青色事業専従者給与（家族に給与が払える）の条件は、個人事業主と生計を1つにしていること、15歳以上で学生ではないこと、事業に6カ月以上従事することです。新たに家族を雇った日から2カ月以内に「青色事業専従者給与に関する届出書」を提出する必要があります。

▼赤字を繰り越せる

赤字が出たら、翌年の確定申告の黒字と相殺することができます（赤字の繰り越しは最大3年間）。

〈10万円以上30万円未満の高額な経費を1年で経費にできる〉

パソコンやコピー機など、長期的に使用する場合、通常10万円以上するものは「固定資産」として扱われ、その年の一括経費にすることは通常できません。これが青色申告なら、一括経費にできない**固定資産の対象金額が30万円以上となり、一度に必要経費としてまとめられる額が大きくなります（合計で300万円まで）。**

② 銀行口座の開設手続き

屋号付き口座を開設する場合に開業届を提出していることが必要となることが多いです。

銀行によって手続き・取扱い・難易度が異なりますが、個人事業を始める際に、屋号（「リスタートサポート木村勝事務所」など）を名義とした銀行口座を開設できます。

開業届を提出していることはどの銀行でもほぼ必須条件だと思います。

個人用の口座を事業用の口座として使用しても問題はありませんが、事業用とプライベート用の口座を分けたほうが管理しやすくなります。

〝半〟個人事業主の場合には、今まで勤めていた会社がクライアントになるので、あまり関係ありませんが、振込先の口座に屋号が付いていることで振込を行なうクライアント側の安心につながるかもしれません。

銀行によっては、インターネットバンキングの利用料が事業者扱いになり、ネットバンクの利用が個人口座に比べて割高になることがあります。実は、筆者もあるメガバンクで屋号付き口座を作りましたが、ネットバンクを利用する先には、プラスアルファの利用料がかかるため、ネットバンクは利用していません。

屋号付き口座開設に関しては、個人的にはマストではなく趣味の範囲という感じです。

③信用面のアップ(があるかも)

オフィス契約や融資の審査などで有利になる可能性が高いです。

〝半〟個人事業主の場合には必要ありませんが、個人事業の業種によっては、事務所の契約が必要な場合（士業の登録など）があります。そうした場合に申し込み時や審査時には、開業届の控えの提出を求められるケースがあります。

以上、開業届に関して説明しました。屋号付き銀行口座開設やオフィスレンタルの際のメリットは、〝半〟個人事業主としては、それほど大きなものではないかもしれませんが、税金面などでのメリット（特に青色申告）を享受するためにも開業届の提出は必須です。

筆者の場合も「何か窓口で厳しく審査されるのでは？」とびくびくしながら税務署に向かいましたが、実際には特に審査もなく受領印を押されておしまいでした。「開業届」「青色申告承認申請書」などの届け出フォームは、国税庁のホームページから入手が可能です。また、開業届作成に関しては、クラウドの会計サービスのｆｒｅｅｅ（フリー）などで無料の作成サービスも行なっているので、参考にしていただければと思います。開業届の「事業の概要」欄に関しては、書き方に特に決まりはありませんが、今後行なう可能性のある事業も含めてできるだけ幅広く具体的に記入することをおすすめします。

繰り返しになりますが、個人事業主として独立開業する際の諸手続きに関しては、副業・兼業の拡大もあり、ネット上に詳しい情報が数多く公開されています。また、サラリーマン時代にやったことのない確定申告に関して不安を持つ方も多いですが、前出のｆｒｅｅｅや弥生会計オンラインやマネーフォワードなど確定申告までサポートする多くのクラウド会計ソフトが存在しますので、それほど心配する必要はありません。

それよりも、**個人事業主にとって最大の課題は、やはりクライアントの獲得・拡大**です。こうした手続きの部分を心配するよりも、「いかにクライアントを獲得するか」に精力を注いだほうがよっぽど生産的です。

その他必須の手続きなど

第3章で解説した通り、サラリーマンから個人事業主になると社会保険が変わります。この手続きも忘れてはならない大切な手続きです。以下でサラリーマンを退職した直後に行なわなければならない手続きについてまとめておきます。

国民健康保険や国民年金への加入手続きは、個人事業主が自ら役所へ出向いて行なわなければなりません。今までいかに会社に頼りっぱなしであったかを実感するとともに、「これからはすべて自分でやっていかなければいけない」と新たな覚悟が決まる機会でもあります。

①健康保険について

健康保険については会社の健保組合から脱退し「国民健康保険」に加入することになります。**国民健康保険の加入は退職の翌日から14日以内に、退職時に会社から受け取った「健康保険の資格喪失証明書」と身分証明書とマイナンバーカードを持参し、住んでいる自治体の窓口で手続きを行ないます。**

第3章で解説した通り、今までの会社の健康保険組合に任意継続加入（2年間）することもできます。任意継続加入の条件は、①資格喪失日の前日までに健康保険の被保険者期間が継続して2カ月以上あること、②資格喪失日（退職日の翌日等）から20日（20日目が土日・祝日の場合は翌営業日）以内に「任意継続被保険者資格取得申出書」を提出することの2点です。特に②の条件は厳守です。**締め切りまでに書類を提出しないと加入資格を失います。**

国民健康保険と任意継続の選択ですが、ご自身のケースで双方の保険料、健保給付内容を勘案のうえ、ご自身で決定することになります。**「任意継続→国民健康保険」の変更は可能ですが、「国民健康保険→任意継続」の切り替えはできない**ので、検討時間が取れなかった場合などには、まずは任意継続にしておいたほうがいいでしょう。

② 国民年金について

国民年金は、日本国内に住む20歳以上60歳未満の人が加入することが義務付けられている制度なので、60歳未満の方は国民年金に加入する必要があります。また、国民年金には扶養家族という考え方がないので会社員時代、扶養する配偶者がいた場合は、配偶者も国民年金に加入し、年金保険料を納める必要があります。ご自身が60歳以上の場合でも同一世帯の配偶者、子どもが20歳以上60歳未満の場合には国民年金に加入する必要があるので、この点は注意が必要です。

手続きとしては、こちらも**住んでいる地方自治体の窓口に退職の翌日から14日以内に「年金手帳」と「離職票」を持参して手続きをします。**

③ 請求書について

サラリーマン時代は会社から自動的に毎月給与が銀行口座に振り込まれていましたが、個人事業主の場合、基本的には個人事業主の側から請求書を送付し、それに基づいて報酬が振り込まれることになります。

請求書のフォームに関しては、特に会社側から指定がない場合には、ネットなどでご自身の事業に合う請求書フォームをダウンロードして、適宜加工して利用すればよいでしょう。

2023年10月1日から消費税の仕入税額控除制度における適格請求書等保存方式（インボイス制度）が始まりました。適格請求書発行事業者になると請求書のフォームも変わりますが、〝半〟個人事業主の場合には、①**開業初年については（2年前も前年も課税売上高はゼロであり）免税事業者となること、**②**クライアントが今まで勤めていた会社を想定しており適格請求書発行事業者でないと発注しないということは考えにくいこと、**などもあり、無理に適格請求書発行事業者になる必要はないと思います。

なお、インボイス制度に関しては、個人事業主に対する特例措置（2割特例など）も導入されるなど流動的な部分もあるので、独立時点での最新情報をもとに検討することをおすすめします。

method 29

「現場性・現役性」こそが「〝半〟個人事業主」の強さの源泉

前項では開業直後にまず取り掛かる諸手続きについて解説しました。ここからは独立直後に特に意識しておくべき事項を確認しておきます。

〝半〟個人事業主として働くことの強み

〝半〟個人事業主と外部コンサルタントの決定的な違いはどこにあるのでしょうか。〝半〟個人事業主も外部コンサルタントもその会社から雇用されることなく独立して仕事をサポートするという点では同じですが、決定的に違うのが現場への距離感です。

外部コンサルタントは、会社の会議室までは入りますが、実際に仕事をしているオフィスまでは入りません。会社の受付から担当者を呼び出し外部の人間が入ることができる打ち合わせスペースや共用会議室で打ち合わせします。

〝半〟個人事業主は違います。オフィス内に入り込んで仕事をします。隣に座っているのは社員であり、目の前ではまさに日々リアルな問題が発生しています。こうした状況の下で仕事ができることは〝半〟個人事業主としては大きな財産でありメリットです。

コンサルティング会社がクライアントの現場に近いところまで入り込みたいのは、事業会社の日々の現場で起こっている現象や生データに触れたいからです。クライアント企業でのコンサルティングを通じて得たデータや情報をもとに抽象化・モデル化して汎用性を高め、ほかの事例にも応用していきます。

社内にいるサラリーマンは現場の生データの重要性に気がついていません。当たり前のことだからです。〝半〟個人事業主として働く場合には、意識を切り替えて第三者的な視点から現場で起きている事実に目を向ける必要があります。筆者は工場勤務が長いですが、現場の管理監督者から問題が発生したときに常に口酸っぱく言われたのは、「まず現場に来て現物を見て現実的に考えろ」という「三現主義」です。

〝半〟個人事業主として働くことになったら、この「三現主義」のみならず第2章でも紹介した「ロクゲン主義」（三現主義に「原理」「原則」「原点」を加えたもの）で仕事をしていく必要があります。

雇用から業務委託に契約方式を変えただけでは何も変わりません。〝半〟個人事業主側の意識変革なくしてクライアントに満足してもらえる成果はあげられません。**現場に近いところで現役として働くことができる〝半〟個人事業主のメリットをしっかり意識して自分が提供するサービスの価値を日々高めていく必要があります。**

また、次年度以降の契約更新があるかないかは、このスタート期の働きぶり・実績によって決まります。スタート期の目標は、社員よりも短い時間で倍の成果をあげ、外部コンサルタントよりも現実的で実現可能な方策を提案し自ら実行することにあります。ぜひクライアントの期待をいい意味で裏切ってください。

スタート期は次へのステップの準備期間であることも忘れない

スタート期にはまずは目に見える実績を出すことが一番重要ですが、一方で〝半〟個人事業主から個人事業主へステップアップするための準備期間でもあります。

図4-02　“半”個人事業主から個人事業主へ

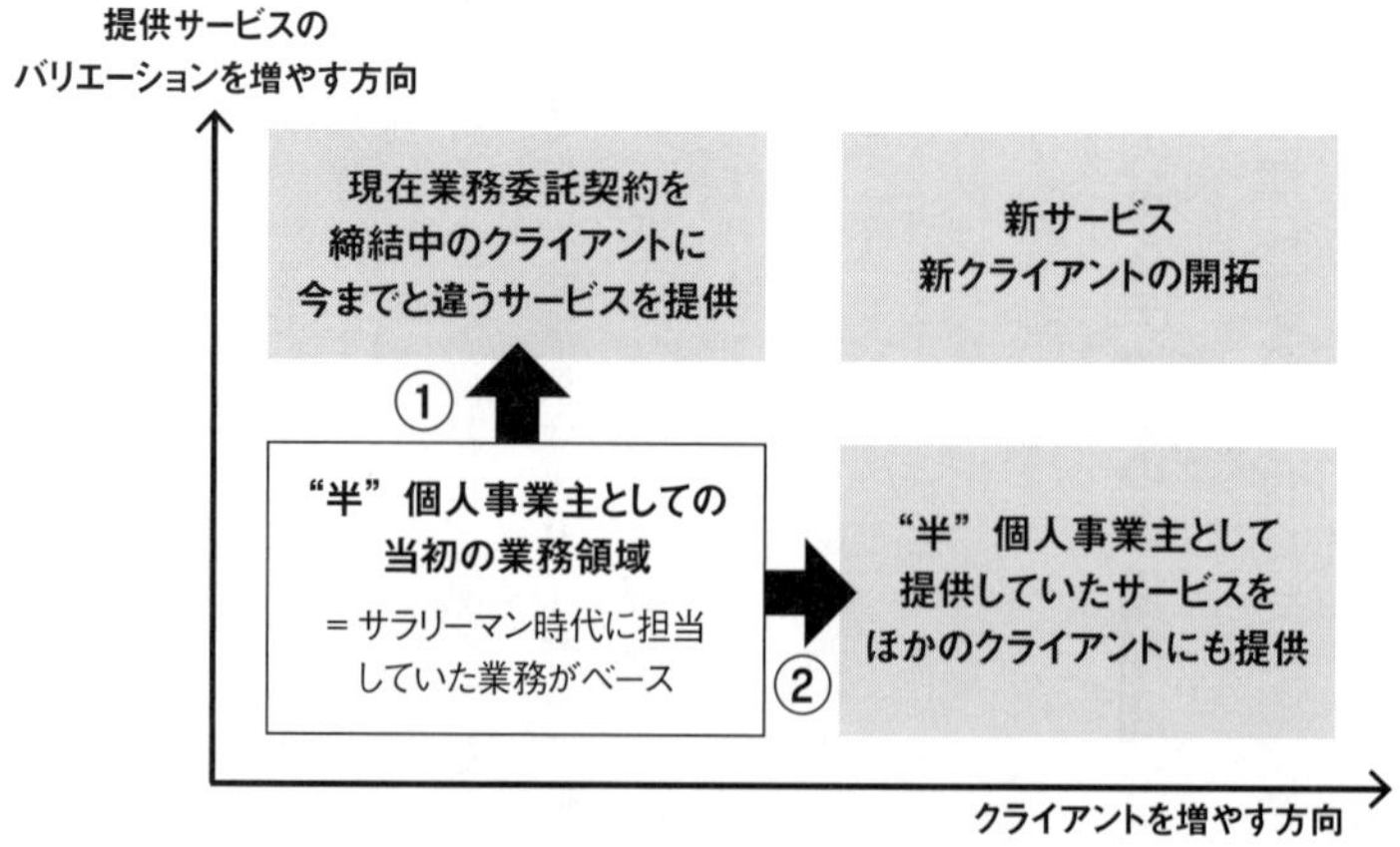

提供サービスの
バリエーションを増やす方向
現在業務委託契約を
締結中のクライアントに
今までと違うサービスを提供
新サービス
新クライアントの開拓
①
“半”個人事業主としての
当初の業務領域
＝サラリーマン時代に担当
していた業務がベース
②
“半”個人事業主として
提供していたサービスを
ほかのクライアントにも提供
クライアントを増やす方向

〝半〟個人事業主の立場に安住してしまうと、それは結局再雇用で働くことと何ら変わりません。

会社との〝半〟個人事業主契約締結の際には、週5日勤務といったフルタイム勤務ではなく、いっとき収入は下がっても週2～3日勤務とすることを第3章（会社への提案）でも推奨しました。スタート期は、サラリーマン時代より少ない時間（週2～3日勤務）で会社が期待する以上の成果をあげるとともに今回の業務委託契約化によって捻出した余裕時間（2～3日）の有効活用を開始します。

方向性は2つです。上の図4－02をご覧ください。

1つの方向性は、①の方向性です。今、〝半〟個人事業主として契約しているクライアント（＝元々サラリーマンとして勤めていた会社）に対して違うサービスを提案していく方向です。

〝半〟個人事業主としての業務委託契約は、サラリーマン時代に担当していた業務がベースになっています。これを違う業務にまで拡大していきます。

たとえば、今までは人事領域のサポートだけの契約だったのを総務領域の業務もサービス内容に加えるようなケースです。この方向性は、個人事業主としての提供サービスメニューの拡大・多様化につながります。

もう1つの方向性は、〝半〟個人事業主として行なってきたサービスをほかのクライアントに提供する②の方向性です。業務委託によるサポート開始前には、〝半〟個人事業主としての実績は皆無でしたが、スタート期を通じて個人事業主としての実績が積み上がっています。ほかのクライアントも安心して仕事を依頼できます。また、この方向性はクライアントが増えることになるので、売上のアップと複数契約により1社依存リスクを回避することができます。

②の方向性を実現するために毎日出社しないメリットを活用して〝半〟個人事業主としての実績を見える化し、会社員時代に培った人脈に対してサービス内容をＰＲしていきます。〝半〟個人事業主として現在担っているようなフルレンジ・リリーフマン的業務にこだわる必要はありません。サービスの領域も狭く業務委託契約期間も短いスポット契約やワンポイントリリーフの仕事を少しずつ獲得していきます。

拙著『知らないと後悔する定年後の働き方』（フォレスト出版）でも紹介しましたが、非電化工房代表／日本大学客員教授の藤村靖之先生が提唱する「月３万円ビジネス」に近い考え方です。「１カ所に依存して高額の売上をあげる」よりも、「少額ながら複数ポイントから売上をあげる」戦略です。

〝半〟個人事業主の場合、初めから大きなディールを狙わず、藤村先生の「３万円ビジネス」の考え方を参考に、まずはたとえ売上はわずかでもほかのところとコネクションを作ることに価値を置くことを優先します。

「月１回半日のサポートで３万円」でいいのです。新たなクライアントとのつながりを持つことによって、そこから仕事は広がっていきます。まずは複数のクライアントと何らかの関係を持つことに注力しましょう。

自立とは「依存先を増やすこと」

これは脳性麻痺という障害を持ちながら小児科医として活躍し、現在は東京大学先端科学技術研究センターで障害と社会の関係について研究する熊谷晋一郎先生の言葉です。熊谷先生は、「『自立』とは、依存しなくなることだと思われがちです。でも、そうではありません。『依存先を増やしていくこと』こそが、自立なのです」とおっしゃっています。

シニアからのキャリア戦略も同じです。1カ所に依存することなく、複数のクライアントに軸足を置き、個人事業主の持つリスクである契約解消に備えます。1社に生殺与奪権を握られた状態はストレスフルであり、シニアとしては絶対避けるべき状況です。依存先が多ければ多いほどイヤな仕事をする必要もなくなります。

スタート期に小さくてもいいので依存先を増やしていくことが〝半〟個人事業主から個人事業主へステップアップしていくためのポイントになります。

第4章のまとめ

・〝半〟個人事業主として会社と業務委託契約を締結して仕事をすることが決まったら、さっそく「サラリーマンを辞めて個人事業主になったこと」を広く知ってもらうために、なるべく多くの知人にメールやハガキなどで挨拶状を送る。

・仕事の紹介は親しい人からよりも、「ある時期、同じコミュニティに属していたが、その当時はほとんど話したこともない」というような「弱い紐帯」の人を経由してのほうが圧倒的に多い。

・年賀状や暑中見舞いを出す地道な営業活動はじわじわと効いてくるので、やっておいたほうがよい。

・開業届を出すと失業手当が受給できなくなるので、個人事業主としての活動が定まっていない場合は注意。

・個人事業主として開業届を提出することの主なメリットは「①節税効果の高い青色申告を利用して確定申告ができる」「②家族に給与が払えるようになる」「③赤字を繰り越せる」「④10万円以上30万円未満の高額な資産を1年で経費にできる」など。

・国民健康保険や国民年金への加入手続きは自ら役所へ出向いて行なう。

・〝半〟個人事業主は、現場に近いところで現役として働けるメリットを意識して、自分が提供するサービスの価値を日々高めていく必要がある。

・〝半〟個人事業主の立場に安住してしまうと、それは結局再雇用で働くことと同じなので、複数クライアントを獲得して個人事業主としてステップアップすることを目指す。月3万円程度の「小さな仕事」をいくつも増やしていくイメージで十分。

第5章

〈ステップ04〉展開期

「〝半〟個人事業主」から「個人事業主」へのシフトを目指す

method 30

新規クライアント拡大のためにやっておきたい11のこと

無事〝半〟個人事業主としてのスタートも切り、〝勝手知ったる〟クライアントでの仕事も順調です。クライアント先からも信頼され、仕事もそつなくこなせています。**こうした状態は心地よく、どうしてもこのまま安住したくなりますが、ここで立ち止まってはいけません。**

第4章で紹介した「自立とは依存先を増やすこと」という熊谷先生の言葉通り、**引き続き「自律（自立）」して個人事業主として働き続けるためには「新たな依存先＝今の会社以外のクライアント」を増やしていく必要があります。**

個人事業主の働き方のベースは、ご自身とクライアント企業間で結ばれた対等かつドライな業務委託契約です。契約期間中は当然信義に基き誠実に義務を履行しなければなりませんが、契約期間が終了したら基本的に契約は終了です。

サラリーマンの場合、企業側からの契約解消である解雇に関しては、労働基準法、労働契約法で厳しい制約がありますが、〝半〟個人事業主は労働法で定義される労働者ではありません。会社は、契約期間終了時に一方的に契約終了しても何ら法的な責任は問われません。**雇用契約とは違うのです。**

また、〝半〟個人事業主として当初締結した業務内容も時の経過とともにそのニーズは変わります。

- **当初は人手不足だったが、無事中途採用ができて要員が確保できた**
- **〝半〟個人事業主に依頼していた業務をアウトソースすることになった**
- **営業先と長年懇意であり太いパイプを持つという自分の人脈を買われて営業サポートを業務内容とする業務委託契約を〝半〟個人事業主として結んでいたが、頼みの営業先の窓口担当が変わってしまった**

など

こうしたことは経営環境の変化が激しい昨今では、日常茶飯時です。

あなたの実力・人柄をよく知る〝半〟個人事業主契約を締結するときのサポーター（意思決定者）が退職した・異動になった、ということも起こります。新たな意思決定者にとってあなたは「どこの誰だかわからない〝うさん臭い存在〟」に映っているかもしれません。

〝半〟個人事業主は、プロ野球選手と同じです。実力を発揮できなくなったり、会社がそのニーズを感じなくなったら次の契約更新はありません。〝半〟個人事業主の契約料の中には、こうした契約の流動性分（言葉は悪いですが〝いつでも契約を切れる〟）のリスクプレミアム分も含まれているのです。

〝半〟個人事業主として独立した当初の1年間（業務委託契約の期間によりますが）は、クライアントに対して**期待以上の結果を出すことが最優先事項になります**。もし、あなたが何の契約の目処もなく独立した場合には、まずは日銭を稼ぐべくあなたと契約を結んでくれるクライアント探しを一からしなければならなかったはずです。〝半〟個人事業主として無事業務をスタートできたあなたは恵まれています。こうした機会をくれたクライアントに成果でお返しをするとともに、以下のことをまずは忘れてはいけません。

実績をあげつつ、この1年間という期間を有効活用して新規クライアント獲得の準備を始めます。初年度の1年間は、見方を変えると**新規クライアント探しの猶予時間**

をもらったと考えるべきです。

「〝半〟個人事業主として確実に実績をあげながら同時に新たなクライアント探しを怠らない」ことが、〝半〟個人事業主として独立当初の忘れてはならない行動基準です。

①2社目以降のクライアント拡大について

〝半〟個人事業主としてのクライアント第一号は、言うまでもなく今まで長年勤務していた会社やあなたの人柄や実力をよく知る会社です。ある意味「ホーム」での契約になりますが、これからのクライアントは性格が少し変わり、契約も少しずつ**「アウエー感」が強くなってきます。**

とはいえ、〝半〟個人事業主戦略では、やみくもに営業活動をかけてクライアントを獲得する方法ではなく、2社目以降も**あなたの人柄や実力をよく知るクライアントをターゲットにしていくことは変わりません。**具体的には、あなたのことをよく知る人からの紹介がメインルートになりますので、クライアントを拡大するためには、あなたのことをよく知る人を継続的に増やしていく必要があります。

「クライアントを増やす」というとどうしても「積極的に営業活動をする」イメージがありますが、重要なのは直接的な営業活動というより、**まずはあなたの居場所を増やしていく**ことです。居場所が増えると、その居場所にいる人から同心円的にネットワークが広がります（次ページ図5－01）。

筆者の場合も、サラリーマン時代から年賀状ベースでお付き合いしていた方が主催する勉強会に独立後にお声かけいただき参加しました。その場で営業するつもりは一切ありませんでしたが、居場所の1つとして参加しているうちに、筆者のサービスや人柄などについても認知いただくようになり、紹介という形を通じて個人事業主としての仕事につながりました。

「居場所を作る」というと遠回りに感じますが、**露骨な営業は労多くして益なし**です。シニアからの個人事業主戦略では、**「信頼感」が最大の売り**になりますので、**「人と会うことが仕事」**と考えてまずは居場所を増やしてください。

また、仕事に直接関係のない居場所など参加しても役に立たないと思いがちですが、そうではありません。第4章で「弱い紐帯の重要性」について解説しましたが、同じ

図5-01　フリーランスとしての仕事の拡大方法

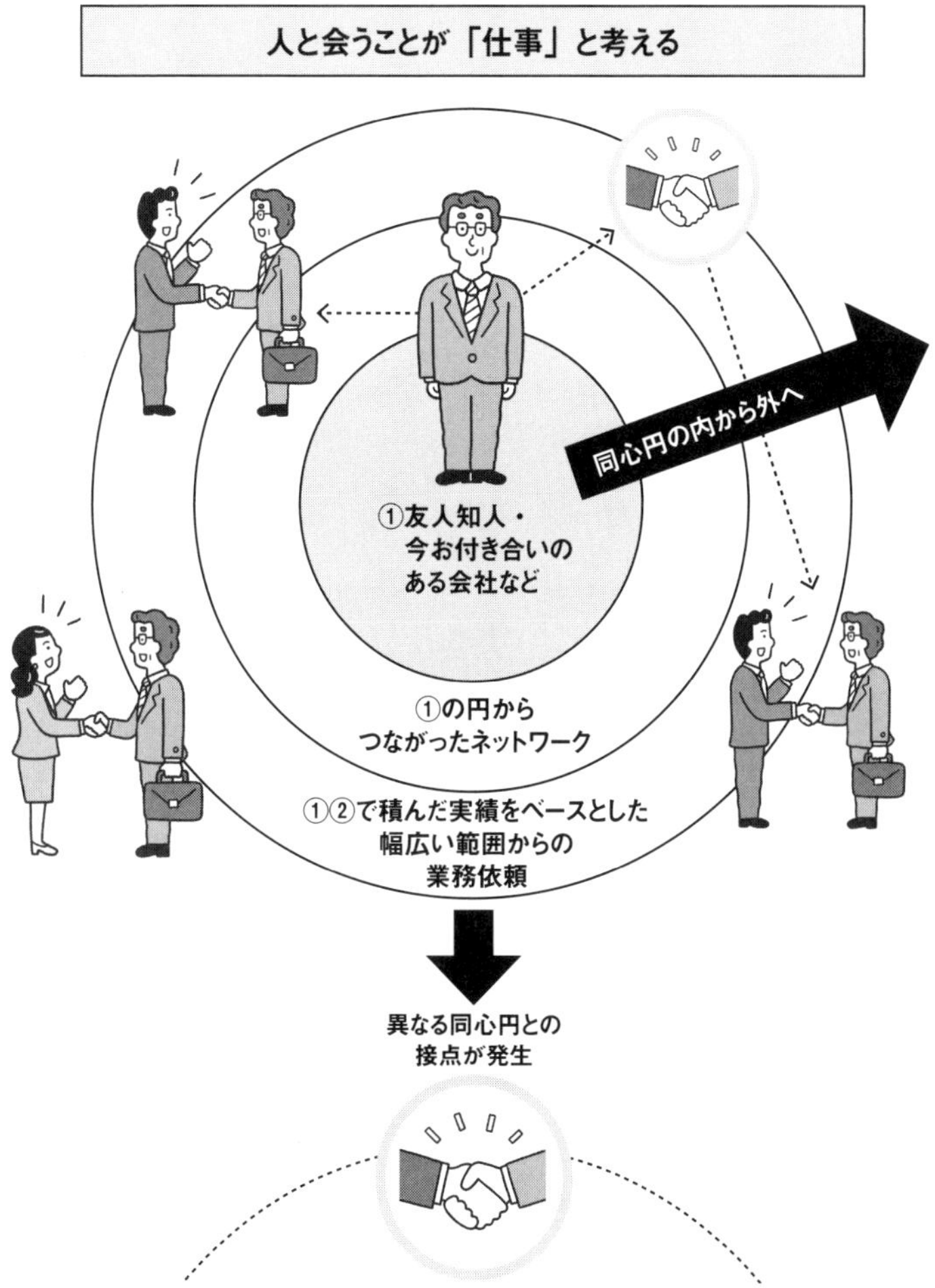
人と会うことが「仕事」と考える
同心円の内から外へ
①友人知人・
今お付き合いの
ある会社など
①の円から
つながったネットワーク
①②で積んだ実績をベースとした
幅広い範囲からの
業務依頼
異なる同心円との
接点が発生

職種のメンバーが集まる居場所は、ある意味同業者でありライバルの集まりです。クライアント情報は意外に入って来ません。

それよりも仕事とまったく関係のない、たとえば趣味の居場所からのほうが「知人がこうした経験を持つ人を探しているのだけれど」などの貴重な情報がもたらされるケースは多いです。

② 提供サービスの汎用性を高める

①サラリーマンから〝半〟個人事業主になるステージと②〝半〟個人事業主から個人事業主になるステージには、決定的な違いがあります。それは**個人事業主としての実績**です。①のステージでは、あなたはサラリーマンとしての実績しかありませんが、②のステージではあなたはすでに業務委託で仕事をする個人事業主としての実績を有しています。2社目以降のクライアント拡大の際には、この実績が信頼感を高め大きな売り物になります。

また、同時に提供するサービスのパッケージ化も重要です。サラリーマンから〝半〟

個人事業主になる段階では、サラリーマン時代にやっていた仕事をそのままリリーフマン的に担当するケースが多いですが、個人事業主として仕事をしていくうちにクライアントから業務委託として求められる領域が自然に明らかになってきます。

その内容をより**汎用性の高い業務にパッケージ化してほかの企業でも使えるようにしていきます**。巻末の番外編の事例で紹介しますが、ある企業でのサービス内容をたとえば「〇〇プログラム（塾）」という形で抽象化・コンテンツ化してほかの企業でも適用可能にするイメージです。

こうして汎用化したあなたの提供サービスや人柄を広げた居場所のメンバーに認知してもらい、クライアント拡大につなげていきます。**雇用ではなく個人事業主による業務委託でのサービス提供に対する潜在ニーズは間違いなくあります**。クライアント候補とマッチングポイントさえ作れれば、クライアントの拡大は十分可能です。

③ホームページ作成は、この段階で考える

居場所を作り、提供サービスをより汎用性の高いものにしていくことを説明しましたが、「あなたという商品」を伝えるためのツールについてここでは説明します。

独立というとまずはPRツールとして自分のホームページを開設することを思い浮かべる方が多いかと思います。第2章「早いうちからSNSでの発信力をつける」(127ページ)でフェイスブックなどのSNSを開始することは紹介しましたが、本書の説明の中では今まで一度もホームページについては触れませんでした。その理由は、**ホームページ開設については〝半〟個人事業主の段階では必要がなかったから**です。

〝半〟個人事業主の段階では、クライアントは1社です。そのクライアントも今まで長年一緒に働いてきたある意味仲間なので当然あなたのことをよく知っています。外部にあえて自己PRする必要はありません。

〝半〟個人事業主から個人事業主へのステップからは状況が変わってきます。**「あなたのことをよく知るクライアントからあなたのことを紹介された方」が潜在的なクライアント候補になります。**これからのクライアント候補は、当然あなたのことを直接知らないケース(知人の知人)が多くなってきます。

「あなたのことをよく知る紹介者」も「あなたに会ったことのない人」に対して「あなたの人柄やスキル、サービスを説明すること」は難しいです。「人柄もよく、その領域に関しては長年経験がある人物だよ」「確か○○年までは△△会社に勤めていたけれども5年くらい前に独立した」などどうしても曖昧な紹介になります。

そうした場合に役立つのがホームページです。紹介してくれる知人は、「ホームページがあるからアクセスして直接確かめて」と伝えれば説明の労がなくなります。言葉での説明はどうしてもバイアスがかかりますし、紹介するにしても責任がともなうので、ホームページを自分で見て判断してもらうことで責任も軽減されます。あなたのホームページアドレスを知人に知らせるだけでOKです。

また、**ホームページには「問い合わせ」機能を設置することがマスト**です。あなたに興味を持ったクライアント候補があなたに連絡を取りたいと思ったときに紹介された友人を経由せずに直接コンタクトを取れるようにするためです。

一般的に何かサービスを利用する・問い合わせや依頼をする際には、まずはその会社のホームページを検索することがデフォルトの行動になっています。皆さんも同じだと思いますが、やはりきちんとしたホームページが見つかると安心しますし、検索しても出て来ないと何となく「この会社、大丈夫かな?」と不安の念がよぎります。

つまり、ホームページは営業用というよりは**「存在確認」のために使います。**

ホームページ作成はこの段階（個人事業主として複数のクライアントと仕事をしていく段階）です。この段階よりも前にホームページを作成してもＳＥＯ対策（検索エンジンで検索上位表示させるための施策）の営業や価格ダンピングを目的とした相見積もり用の問い合わせが来るばかりで仕事にはほとんど役に立ちません。

筆者の場合は、独立して3年目に初めての本を出版するタイミングで作成しました。①作成費用が高額でないこと、②素人でも簡単に作成できること、③自分で記事や情報のメンテナンスができること、④そこそこ見栄えがいいこと、などを条件に業者を選び、自分で作成しました。

また、ホームページを作成したら常に更新しなければいけないと思いがちですが、日頃の情報発信はＸ（旧ツイッター）、フェイスブック、ｎｏｔｅ（ブログサービス）などで行ない、ホームページはそうした情報をストックしておくプラットホームの役割を担わせるべきです。

以上の通り、ホームページは、**集客目的ではなく、紹介ツールとして活用することでその効果を発揮します。**

④狙いどころは、中小・ベンチャー・地方企業

コロナ禍以降、未曽有の人手不足の状況が続いています。帝国データバンクによる「人手不足に対する企業の動向調査（2023年1月）」によると、2023年1月時点で人手不足を感じている企業の割合は、正社員では51・7％、非正社員では31・0％で、それぞれ5カ月連続で5割超、3割超の高水準になっています。

少子高齢化に歯止めがかからない中、15～64歳の国内生産年齢人口は95年をピークに減少に転じており、2030年には22年比7％減の6875万人と、ピークの8割の水準まで減る見通しになっています。こうした構造的な人手不足の中、**特に人の確保が難しくなっているのが、中小企業やネームバリューが低いベンチャー企業、東京一極集中化の割を食う地方企業**です。

次ページの図5-02に中小・ベンチャー企業が抱える課題をまとめました。あなたが解決をサポートできる課題もあるのではないでしょうか？

特に地方企業は、どうしても距離的な問題があり、今まではUターンやIターン（出

図5-02　中小企業、ベンチャー企業が抱えている主な事業課題

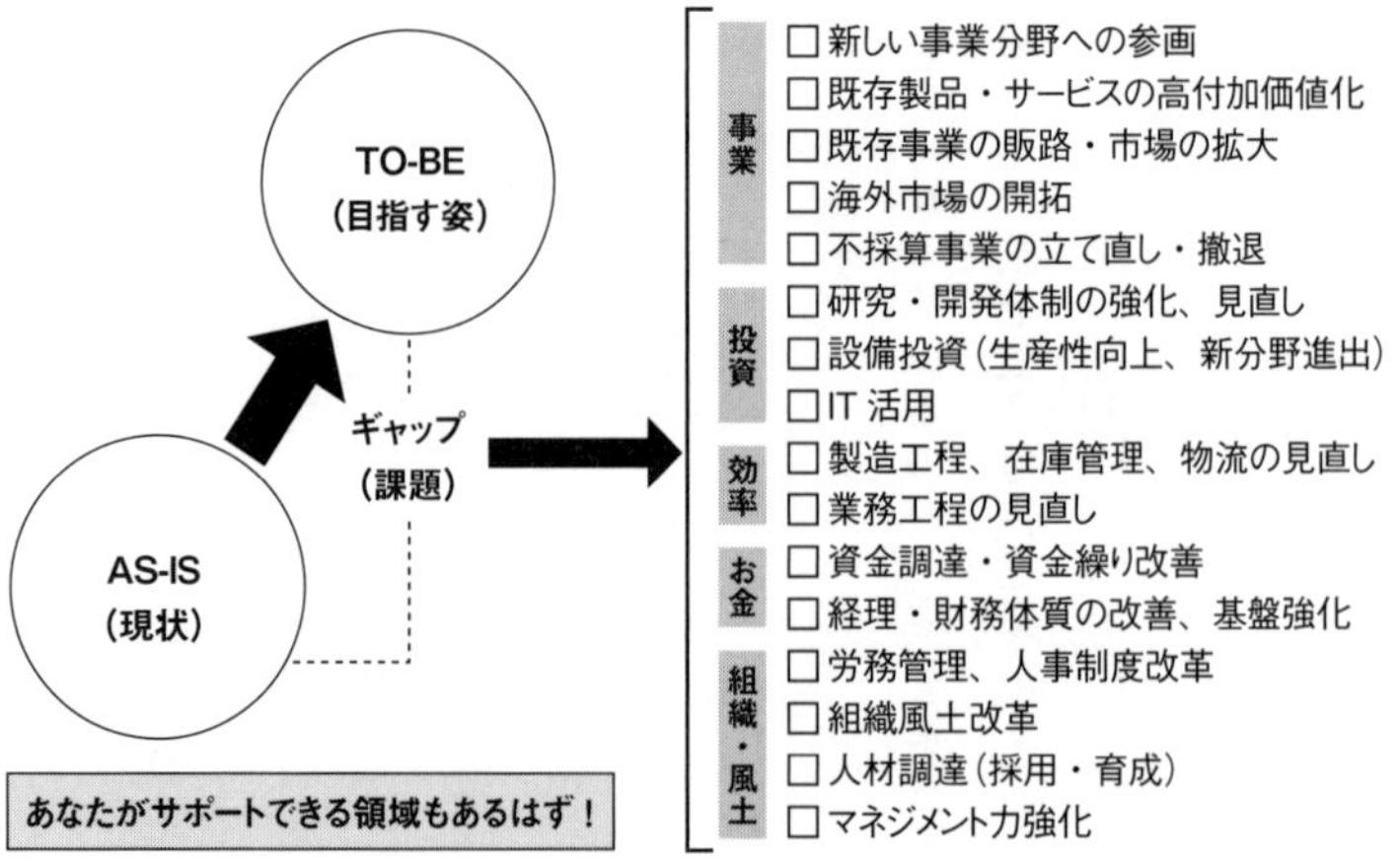

身地以外の場所に就職もしくは転職すること）でないと実際のサポートが難しい状況にありました。ところが今回のコロナ禍でＺｏｏｍなどのオンライン会議ツールを活用すれば、現地に住んだり、出向かなくても十分に仕事が成立することがわかりました。通常のサポートは、オンラインで行ない、月に１回程度現地に出向いてサポートするケースがどんどん増えています。

　サラリーマンの副業・兼業でこうした地方のニーズに対応しているケースも増えていますが、どうしてもサラリーマンの場合には週末や休日など支援できる日が限定されます。**ここは個人事業主の独**

壇場です。働く日を自分の裁量で決められる個人事業主のメリットを活用して、ぜひサービスニーズの高いこうした企業の開拓を進めましょう。専門スキル・知識・経験を持つ人材の不足に悩む会社をリリーフピッチャーとしてサポートすることは社会的な意義も大きいものがあります。

現在は企業も情報も人材も大都市に偏在ぎみなので、大都市では当たり前だと思っていた経験・スキル・知識が地方で重宝されることはよくあります。また、自分の住む場所以外の地域とのご縁が新たにできること自体が人生１００年時代のライフキャリアの充実につながります。

第2、第3のクライアントとして、こうした企業をターゲットとしていくことも個人事業主のマーケティング戦略です。

⑤ 業務委託契約の紹介サービスについて

サラリーマンの求職サイトと同様に兼業・副業の拡大にともない、業務委託契約を紹介するサービスも増えています。個人事業主とクライアントを結び付ける人材紹介に似たようなサービスもあれば、募集されている案件に自ら応募するクラウドソーシングの仕組みもあります。

いずれにしても〝半〟個人事業主戦略のようにお互いによく知った関係での契約ではないので、**マッチングの難易度は高くなります**。また、以前在籍した会社への取引開始の先兵役的なタスクを求められる案件も多いです。具体的には、「あなたが以前勤めていた会社に新規参入したいので窓口の購買担当を紹介してくれ」といった内容の要請です。

こうした契約は、**「人脈を使う＝人脈を売る」**ことになるので、どうしても長年築いた人間関係を崩すことになりかねません。逆の立場で考えれば理解できますが、たとえ昔の会社の上司が新規取引の促進のために訪ねてきても、1回目は相手の面子も考えて会いますが、新たな取引を昔いた会社の先輩というだけの理由で開始することはありません。かえってそのような行動を取られると今後の接触を避けるようになりがちです。

このあたりは個人の判断になりますが、自分をよく知る人を中心にクライアントを広げていく〝半〟個人事業主戦略とは異なったアプローチなので実行にあたっては注意が必要です。

自分のことをよく知ったクライアントと仕事をする〝半〟個人事業主の段階では問題になりませんが、**2社目以降の契約では「その企業との相性」も重要**です。「大企業か中小企業か？」「ベンチャー企業か老舗企業か？」「オーナー企業かサラリーマン企業か？」「外資系か国内の伝統的企業か？」などクライアントの特性によって向き・不向きがあります。相性は、やはり長年育ってきた会社の特性によるところが大きいですが、筆者の経験上も相性の悪い相手との仕事は概してうまくいきません。これは相手も同じです。

シニアからの独立の場合は、**無理して相性の悪い相手とイヤイヤ仕事を続けることはありません**。イヤな仕事・相手との関係継続はストレスになりますし、これでは**せっかく雇用から独立した意味が半減**してしまいます。相手を選べるという個人事業主の特権を活かして無理ない形での業務支援を心がけたほうが結果として長続きします。10年間個人事業主として働いてきた人間としての実感です。

⑥ 2社目以降の価格設定について

個人事業主の報酬は、原則として市場の需給状況によって本来は決定されます。しかしながら〝半〟個人事業主として今の会社と1社目の契約をする際には、そうした市場水準の報酬設定が難しいため、（市場相場の代わりに）今までのサラリーマン時代の給与をベースに報酬水準を設定する考え方を第3章で解説しました。

ところが2社目からはそういうわけにはいきません。**1社目のようにお互いに合意された報酬水準がないから**です。報酬額は当事者間でいくらに決めてもOKですが、何か目処となる考え方がほしいところです。ここでは2社目からの報酬水準の設定の考え方について考えていきます。

報酬設定の際には、今まで慣れ親しんできた「何時間働いたからいくら」という**時間比例の報酬設定の考え方を捨てる**必要があります。次ページの図5-03は、個人事業主の報酬説定に関してポイントをまとめたものです。

基本は、「価格」ではなく「提供する価値」で考えます。どうしても慣れ親しんだ「投

図5-03　個人事業主の報酬設定

価格	ではなく	提供する **価値** で考える
時給 Ex. 派遣社員	ではなく	契約料 Ex. 大手コンサル会社の契約料
時間	ではなく	成果
雇用	ではなく	委託契約

入時間×単価」で価格を考えがちですが、**自信を持ってクライアントに提供する価値をベースに報酬額を考えてください。**

その際には、くれぐれも派遣社員や契約社員の時給と同じ土俵に乗らないようにしなければいけません。同じ土俵に乗ると「派遣社員に比べて個人事業主の報酬は高い」といった論議に陥ります。時給、日給ではなく「業務」単位で報酬交渉することを考えます。時間の切り売りはアルバイトと同じで収入は上げられません。

繰り返しになりますが、**個人事業主は投入時間で勝負しているわけではありません。提供した価値や成果で報酬をもら**

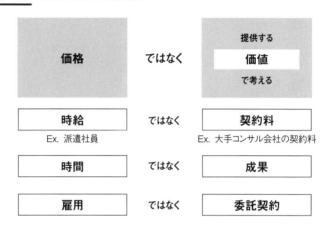

います。もし比較するのであれば、**派遣社員や契約社員の時給ではなく、同じ業務委託契約であるコンサルティング会社のコンサルティングフィーと比較すべき**です。

毎日出社して指揮命令を受けながら給与として月額30万円を受け取るのがサラリーマンですが、個人事業主は限られた日数で期待された成果を上げていきます。コンサル会社や外部ベンダーの業務委託料は押しなべて高額です。それと比較して安価で高品質のサービスを提供できることをアピールできればクライアントも報酬水準について納得します。

また、先述の通り、個人事業主の契約は、〝いつでも契約を切れる〟というリスクを包含しています。雇用とは安定性が違うので、こうしたリスクを背負う分（リスクプレミアム分）を報酬額の中に含めて契約することにも合理性があります。**労働法で守られているサラリーマンとは報酬の性格が違う**のです。

⑦報酬設定の考え方

とはいっても「報酬額の目処のようなものはないのか」と思われる方もいらっしゃ

るでしょう。参考までに報酬目処に関する考え方を紹介します。

① 同様のサービスを提供している個人事業主の報酬設定を参考にする方法

すでに同様のサービスを個人事業主として提供している個人事業主がいます。こうした個人事業主のホームページ掲載の水準を参考にする方法です。人事領域であれば、筆者もホームページで料金を明示しているので参考にしていただければと思います。

報酬に関しては、どうしても「応相談」としたくなりますが、**クライアント側は相談前に「いくらかかるのか」の相場を知りたがっています。**報酬目処を明示しておけば、クライアントもその水準を前提にコンタクトしてくるので、改めて金額交渉をする必要がなくなります。

② 必要な売上から逆算して報酬設定を行なう方法

個人事業主になっても生活できなければどうにもなりません。個人により必要水準は異なりますが、初めに希望する年収（月収）を設定し、その水準を実現するために逆算して報酬金額を設定する方法です。

たとえば、月40万円の収入が必要だとします。第3章での報酬設定でも額面の給与

図 5 - 04　報酬シミュレーション例

□希望月所得　400,000 円

□売上ベース　560,000 円

□年間売上　6,720,000 円　を想定した場合

	年間勤務日（年 52 週）	日給換算（年間売上 / 稼働日）	時給換算（1 日 8 時間）
週3日稼働	156 日	43,077 円	5,385 円
週4日稼働	208 日	32,308 円	4,038 円

額からグロスアップをした水準をベースにしましたが、同様にサラリーマンの40万円相当の給与レベルを獲得するためには、その1・4倍の売上が必要だと想定したほうがいいでしょう。そのため目指す売上は40万円×1・4＝56万円となります。

この56万円を年間ベースにすると672万円（56万円×12カ月）になります。この年額をどれくらいの稼働で稼ぐかを考えます。**フルタイム（週5日勤務）では個人事業主化した意味がありませんので、たとえば週3日稼働（週休4日！）で対応する**と仮定すると年間52週なので、52週×3日（週）＝156日稼働になります。672万円を156日で割ると1日当たり4万3077円になります。この金額を目処単価として報酬を設定する考え方です（図5－04）。

この日額を時給ベース（1日8時間）に直すと時給5385円です。派遣社員の時給に比べると高く見えますが、先ほど説明のように時給ベースの比較論議には乗らないようにします。

個人事業主の場合は、毎日サービスを提供するわけではないので、たとえば、週1回月4回の支援で月17万円（4万3077円×4回）という提案をすることになります。新入社員でも月の給与は20万円を超えますので（実際にはさらにコストがかかり月額給与の1・4倍のコストがかかっています）**月17万円の業務委託料でベテランのノウハウを活かした成果を出してくれると考えれば安いもの**です。

以上、2社目以降の報酬設定の方法をご参考までに紹介しました。

繰り返しになりますが個人事業主の報酬水準に基準はないので（最低賃金も適用外です）、契約の当事者間の合意で決まります。**自分の提供するサービスに自信を持って金額を提示**いただければと思います。

⑧ あなたのキャラクターを混在させない

複数の会社とパラレルに仕事をするようになるとクライアントごとにあなたが〝演じる役割〟も変わってきます。コンサルタント的な業務が中心になるケースもあれば、講師的な役割が中心になるケースもあります。また、居場所の拡大のために、仕事だけでなく趣味・地域活動の領域に関係することもあります。

第2章で個人名刺の作成をおすすめしましたが、あなたのキャラクターが増えてきたらキャラクターごとに名刺を分けて作成し、複数の名刺を持つようにしましょう。**1枚の名刺にさまざまなキャラクターを混在させると受け取る側は「この人は何をする人なのだろう？」とかえって困惑**してしまいます。

筆者の場合、行政書士登録をしていますが、行政書士の立場で名刺交換する際には、縦書きの事務所名や氏名だけを記載した少し硬めの名刺を出します。人事コンサルタントとして名刺交換する際には、カバーする人事サービス内容を記載した名刺をお渡しします（次ページ図5－05）。

特にいろいろな資格を持っている人ほど、どうしても名刺に資格名を書き連ねたく

図5-05　筆者の名刺

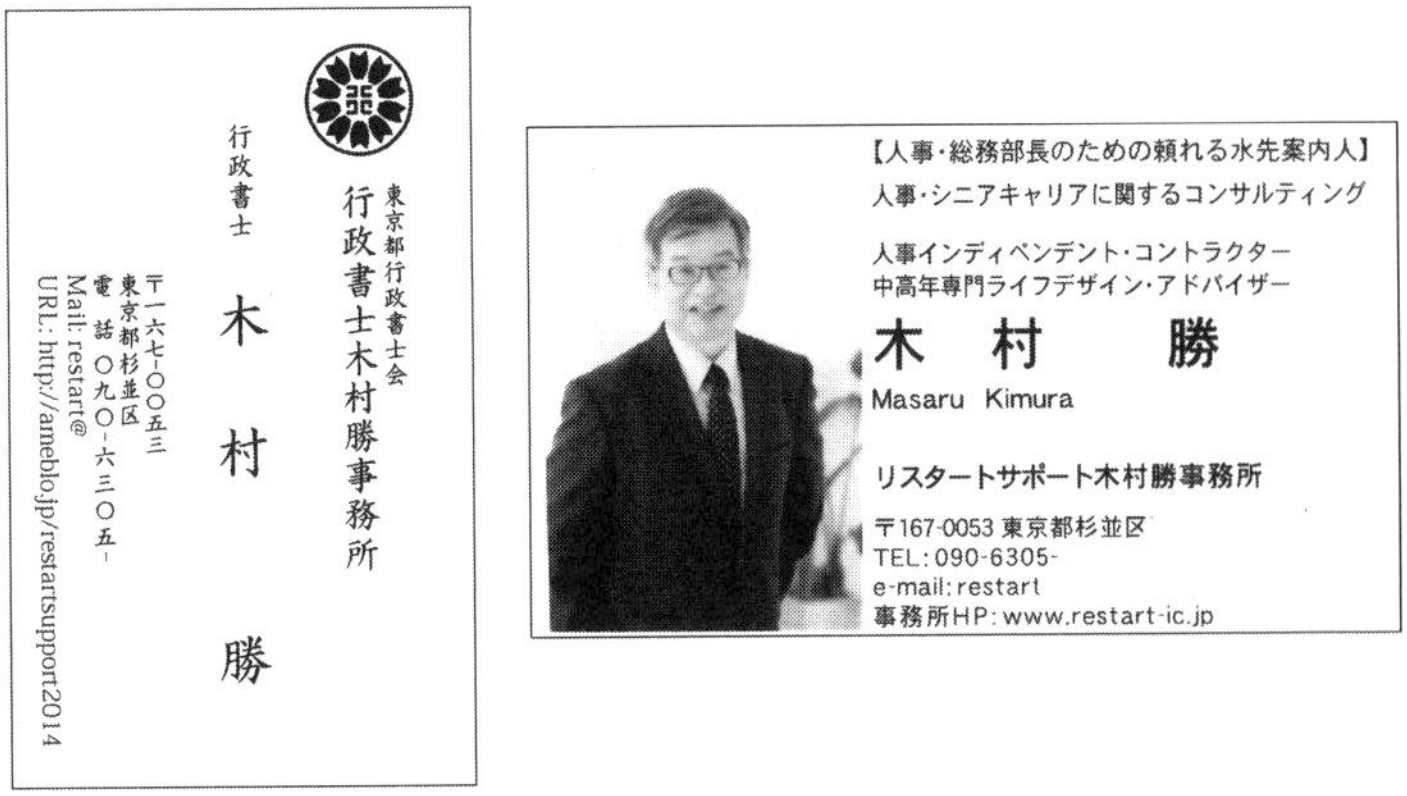

なりますが、受け取る側はかえってあなたが何の専門家であるかがわからなくなります。最近では、手間も費用もそれほどかけずにネットで簡単に名刺を作成できるので、ぜひキャラクター（役割）ごとに個人名刺を作成することを強くおすすめします。

⑨ 必要に応じて法人化も視野に入れる

筆者は、独立して2023年で10年目を迎え現在も個人事業主として活動していますが、必要に応じて法人化を視野に入れることも可能です。

本書は、〝半〟個人事業主から個人事業主になる部分をスコープとしているため、個人事業主から法人化するステップなどの説明はほかの書籍に譲りますが、簡単に法人化についても紹介します。

個人事業主からの法人化を考える場合、法人形態としては合同会社と株式会社がまず検討対象になります。合同会社は設立費用が安く、手続きが簡単な点が魅力であり、個人事業主から法人成り（個人事業主が株式会社や合同会社などの法人を設立し、事業を法人に変更すること）する場合によく利用されています。

株式会社はご承知の通り「出資者である株主（所有者）」と「経営者」が分離しているのが特徴です。それに対し、合同会社は出資者と経営者が同じであり、社員が出資をしてそのまま経営も行なう形になります。合同会社は、初期費用・ランニングコストを抑えたい事業者や小規模な小売業、サービス業など、節税効果を求める個人事業主などに利用されています。

次ページの図5-06に株式会社・合同会社・個人事業主の特徴をまとめたのでご参照ください。

筆者の周囲でも、個人事業主としてスタートし、その後、合同会社化、株式会社化

図 5 - 06　合同会社・株式会社・個人事業主の違い

	合同会社	株式会社	個人事業主
□ 定款の作成	必要	必要	不要
□ 定款の認証	不要	必要	不要
□ 設立登記	必要	必要	不要
□ 設立登記にかかる費用	10万円程度～	24万円程度～	0円
□ 最低資本金	1円	1円	資本金なし
□ 出資者の人数	1人以上	1人以上	不要
□ 出資者の名称	社員	株主	なし
□ 出資者の責任	有限責任	有限責任	無限責任
□ 代表者	代表社員	代表取締役	なし
□ 取締役の人数	全社員	1人以上	なし
□ 取締役の任期	なし	2～10年で定める	なし
□ 取締役会の設置	不要	任意	なし
□ 監査役の人数	不要	1人以上	なし
□ 監査役の任期	なし	4～10年で定める	なし
□ 決算公告	不要	必要	不要
□ 持分の譲渡	社員の承認が必要	自由だが制限を設けることも可能	なし
□ 定款変更の方法	全社員の同意	株主総会で2/3以上の同意	なし
□ 業務執行	すべての社員	取締役会	本人

した知人がいます。

第3章で解説した通り、法人化すると税制上の区分では個人事業主ではなくなりますが、多くの場合で法人化したといっても従来と変わらず個人事業主的なスタンスでフットワークよく活躍されている方が多いです。

いきなり法人化することも可能ですが、まずは個人事業主としてスタートして、必要に応じて時期を見て法人化を検討するのでよいでしょう。

⑩個人事業主に固執しない

独立というと「もう絶対サラリーマンには戻らない」と不退転の覚悟でのぞむ方もいます。これくらいの決意なしでは独立はうまくいかないことも事実ではありますが、シニアからのキャリアにおいては、もう少し柔軟に考え、「チャンスがあればいろいろな働き方を経験したい」くらいのスタンスで臨んだほうがいい結果につながります。

本書の冒頭「はじめに」でもシニアの働き方戦略の基本コンセプトの1つとして「多様な働き方のポートフォリオを実現する」戦略を掲げています。業務委託契約をメインに、派遣社員として来てくれという要請があれば派遣会社に登録して働いてもいいですし、パートタイマーとして働いてくれという場合にはパートタイマーで働いてもOKです。

相手のニーズに応じて柔軟な形態でサポートできることもサラリーマンとは大きく異なる個人事業主の特徴です。サラリーマンの場合には、副業・兼業が解禁されていないとその企業との雇用でしか働けませんが、個人事業主の場合には自分で働き方を選ぶことができます。

怪人二十面相ではありませんが、「あるときは○○、またあるときは△△」というスタンスで業務委託、請負、派遣、パートタイマー、アルバイトなどあらゆる働き方を組み合わせて、目標とする収入ややりがいを達成する戦略です。筆者の場合も業務委託契約がメインですが、あるところとはパートタイマー契約を結んで働いています。

筆者の身の回りでは、**一度個人事業主（業務委託）になってからサラリーマン（雇用）に戻る人は極めて少数です。**時間を自分でコントロールできる生活を一度味わってしまうとなかなか元には戻れません。コロナ禍で満員電車での通勤のないテレワークを経験したサラリーマンの方が今さら満員電車での通勤に戻れないのと同じです。

また、長年会社に勤めていると「独立」はどうしても「清水の舞台から飛び降りる」ように見えますが、シニア（特に60歳以降）からの独立は、実際にやってみると「自宅の2階ベランダから手すり付きの階段を使って1階に下りてくる」程度のものです。

たとえば、60歳からの独立であれば国民年金は払い込み済みです。サラリーマンを65歳まで続ければ厚生年金はさらに積み上げを図れますが、保険料の自己負担も生じ、積み上げ額もわずかです。これまでも十分年金を積み上げてきたシニアにとってはあまりメリットにはなりません。

また、年金支給が始まる65歳以降の話になりますが、収入があると厚生年金が減額される在職厚生年金も個人事業主には関係ありません。個人事業主としていくら収入を得ても厚生年金を減額されることはありません。

その一方で**サラリーマンとして勤め続けても、今のところ約束されている雇用期間は65歳まで**です。それ以降については自分でゼロからキャリアを積み上げていかなければいけません。

あなたは60歳からの独立と65歳までの再雇用のどちらを選びますか？　この5年前

からのセカンドキャリアスタートはのちに大きな差になって返ってきます。

⑪ キャリアの後半で後悔しないために

２０１９年の男性平均寿命は81・41歳に対して健康寿命は72・68歳です。健康寿命とは、「健康上の問題で日常生活が制限されることなく生活できる期間」のことをいいますが、改正高年齢者雇用安定法のレールに乗って70歳まで満員電車通勤を続けて会社生活をまっとうしても健康に動けるのは、残りわずか2年間ということもあり得ます（次ページ図5－07）。

サラリーマン生活が終わったら屋久島の縄文杉を観に行こう、富士山のご来光を仰ごうと思っても、その時期には「時すでに遅し」、体力も気力もなくなり長年の夢も果たせずじまいということも十分あり得ます。

人生の優先順位付けを行なうのがシニアからのセカンドキャリアです。**「自分のキャリアは自分で決める。決めたら行動する」**だけです。**人生の夢のためにも〝半〟個人事業主戦略に踏み出してみましょう！　一歩前に踏み出せば見える景色は間違いなく変わります。**

図 5 - 07　平均寿命と健康寿命(2019 年／男性)

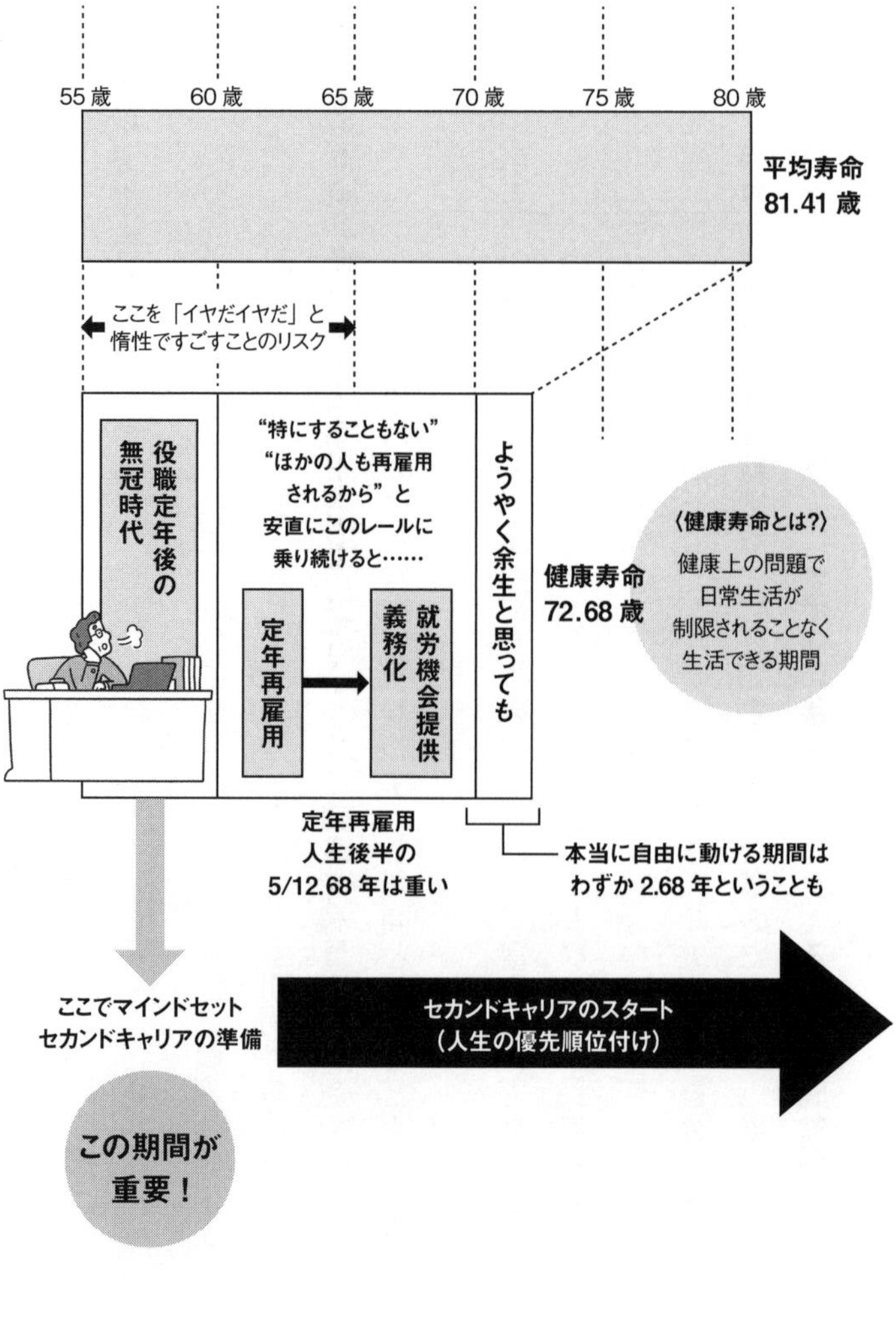

第5章のまとめ

・「自律」して個人事業主として働き続けるためには「新たな依存先＝今の会社以外のクライアント」を増やしていく必要がある。今の会社からいつ契約打ち切りになるかわからないので、常に新規クライアント獲得のチャンスを狙う。

・「クライアントを増やす」には積極的に営業活動するよりは、まずは自分の居場所を増やしていく。居場所が増えると、その居場所にいる人から同心円的にネットワークが広がり、仕事につながりやすくなる。

・今手がける仕事を汎用性の高い業務にパッケージ化してほかの企業でも使えるようにする

・ホームページ作成は、個人事業主として複数のクライアントと仕事をしていく段階になったら考える。

・人材の確保が難しい中小企業やネームバリューの低いベンチャー企業、あるいは東京一極集中化の割を食う地方企業などが個人事業主の狙い目。

・報酬額は自分が提供できる価値をベースにする。派遣社員や契約社員の時給と同じ土俵に乗らないように注意する。同種のサービスを提供している個人事業主の報酬設定を参考にしたり、必要な売上から逆算して報酬設定をする。いずれにせよ、報酬額が決まったらホームページなどで料金として明示する。

・いろいろな資格やスキルを持っていると、どうしても名刺に書き連ねたくなるが、そうすることで受け取る側が「この人は何者?」と混乱する。そのため名刺は複数作成し、１枚につき、１つの肩書しか記載しないようにする。

番外編

【事例紹介】

サラリーマンから〝半〟個人事業主／個人事業主に転身した人たち

【事例1】

長年働いてきたゲーム業界で人事領域のリリーフマン型個人事業主として独立

キャリアの概要

岡本昌久さん（62歳）は、リクルート業界のベンチャー企業で総務部長を務めたのち、30代半ばでゲーム業界に転じ（ゲーム業界1社目）、プロデューサーとしてゲーム開発に従事されてきた方です。52歳からは同じゲーム業界の他企業に転職（ゲーム業界2社目）、今までなかった人事部門の立ち上げに参画され、新たに採用制度や人事制度の構築に従事されてきました。

57歳のときには、それまで5年間サラリーマンとして勤務していたゲーム業界2社目の会社との間で「採用担当者（元部下の方）のサポート役」を内容とする業務委託契約を締結し、〝半〟個人事業主として独立されました。

その後、ゲーム業界1社目在職中の知人が立ち上げた会社やこれまでお付き合いの中で接点があったゲーム会社など複数の会社と、**労務管理以外の人事業務全般（採用、教育、トラブル対応など、労務管理を除くほぼすべての人事業務）をサポートするリリーフマン型業務委託契約を締結し、活動の幅を広げています。**

ゲーム業界という舞台を外さずに、〝半〟個人事業主からスタートして徐々に複数会社と契約するルートで文字通り今は個人事業主として活躍されています。

〝半〟個人事業主になったきっかけ・ステップ ※本人談

・元々自分の性格はサラリーマン向きではないと思っており、ゲーム業界１社目を辞めた際にも勢いで個人事業主化を検討しましたが、準備不足もあり早々と撤退し、サラリーマンとして転職。２社目勤務中から**意識の中には将来は組織に属することなく独立して働くシナリオは持っていました。**

・２社目で個人事業主として独立したきっかけは、管理部門も人員が整いつつあり、ちょうど「自分が抜けてもいい」タイミングが来たと判断したからです。ゲーム業界は、プロジェクトが終了したときが仕事の区切りという業界意識があり、自身も「60歳の定年までは働く」「60歳から再雇用で働く」といった世間一般的なキャリアの節目をあまり意識せずに個人事業主の道へ踏み出しました。

・ゲーム業界は、「ゲームを作る」こと以外に興味がない人が多く、業界内でも人事総務などマネジメントに興味を持つ人は少ない傾向があります。そのため、一般的な業界に比べると人事総務など管理機能を担う人材は少ないため、かえって人事リリーフマン的な役割はチャンスがあると思っていました。中長期の視点で見ると人材育成など人事の役割は必要であり、規模の面でも1人の人事担当者を雇用するよりも業務委託でのサポートのほうが業界ニーズに合致しています。

これからチャレンジする人へのアドバイスなど ※本人談

・個人事業主に対する企業のニーズは、**「何でもやってくれる人が欲しい」**というものです。営業活動を一から始めると、安定するまで時間がかかりますが、**相手が望んでいることをよく知っている企業や業界、自分の実力や人柄などをよく知っているクライアントであれば、営業活動の効率化が図れます。**

・1社目退職時も個人事業主化を検討し、その際にはやみくもに営業活動を行なってうまくいきませんでした。そのときの教訓を活かし、**自分が長年携わってきた業界**

や企業をターゲットにしたことがシニアからの独立成功のポイントになりました。そのためには、**今の会社や業界で信頼を獲得しておく**ことが重要です。

・個人事業主として働くようになって時間がかなり自由になり、人材育成や組織開発の専門家としてレベルアップするための読書など、勉強に時間を使えるようになりました。組織に属して働くことは苦手ですが、外部から組織活性化や従業員モチベーションアップの仕事に携われることは自分のやりたいことに合致しており、やりがいを感じています。

・(コロナ禍ということもありましたが) 雇用に比べると在宅で仕事ができるようになったことも個人事業主のメリットです。また、**「やりたくない仕事はやらなくて済む」「付き合いたくない人と付き合わずに済む」**のも**よかったことです。**

・収入面では、サラリーマン時代よりもよくなっています。また、報酬額という面でも**自分のサービスに対する適正な評価を感じることができ、納得感が高まった**こともメリットです。もっと稼ぐこともできるかもと思いつつも、一方で営業活動にそれほど熱心でないこともあり、現状維持で満足している部分があります。

・業務委託先では、**上司部下のラインから外れた立場で仕事ができます。**そのため、かえって**社員から相談を受けたり頼られたりする機会が増えました。**これは想定外でしたが、個人事業主として信頼されている証としてうれしく思っています。
・配偶者も自分の性格をよく知っており、雇用から個人事業主に切り替えることについては特に反対はありませんでした。
・ゲーム業界で長年お世話になった人間として**ゲーム業界の人材活性化に貢献したい**と思っています。仕事を行なううえでこうした軸をぶらさずにいることで、周囲のメンバーからも本気度を感じてもらえ、信頼を得ている部分が大きいです。**自分の軸がぶれないことは重要**だと思います。

解説

ゲーム業界は、任天堂、スクウェア・エニックス、バンダイナムコエンターテインメントなどの大企業を除くと基本的には中小企業が群雄割拠する業界であり、岡本さんが今まで勤務してきた会社も世間基準では中小企業になります。

岡本さんのユニークな視点は、企業単位ではなく業界単位でご自身の業務ニーズを捉えているところです。ゲーム業界には熱烈なゲーム好きが多く、人事・経理・総務など管理系の仕事に興味を持って入って来る人は少数ですが、こうした機能が必要なのは組織である以上、ほかの業界と同じです。特に今後の持続的な業界の発展のためにも人材育成の分野（教育、評価制度など）のニーズが高くなってきています。こうした状況にもかかわらず「業界を知り、かつこうした専門機能（人事・経理など）を担うことができる人材はいない」状態は個人事業主として活躍のチャンスになります。

個々の企業では、1人を人事担当者として雇用するほどボリュームはありませんが、数社のサービスをパラレルに担っていくのが岡本さんのスタイルです。今まで岡本さんは、メインはリリーフマン型の個人事業主として業務全般を担ってきましたが、「採用のみのサポート」「人材育成のみのサポート」も担当しています。

ゲーム業界のみならず、業界として特定領域（たとえば人事、経理、法務など）に専門人材がいないケースでは、「必要なとき・必要なだけサービスを提供する」個人事業主的なサービス提供にニーズがあります。

皆さんの今まで経験した業界はいかがでしょうか？　慢性的な人手不足や従業員早期離職に悩む育児、介護業界も同じ傾向にあるかもしれません。こうした視点も非常に参考になるところです。

【事例2】

63歳で〝半〟個人事業主へ転身し、65歳から個人事業主へステップアップ

キャリアの概要

今井 昭さん（65歳）は、自動車メーカーで工場での生産管理、物流管理、製造原価改善、在庫削減業務などのサプライチェーン全般にわたる業務に従事し、キャリアの途中で転籍された自動車専門商社（グループ連結で従業員数１３００人）では、長年ＳＣＭ（サプライチェーンマネジメント）に従事していました。

また、２００３年から２０２０年までの17年間は、中国に赴任し、現地での新工場立ち上げや物流改善、工場運営などに従事しました。

定年退職後も引き続き嘱託社員（再雇用）として中国で勤務していましたが、62歳のときに日本に帰国し、引き続き嘱託社員（再雇用）として1年間国内で業務を行なったのち、63歳のときに今まで勤務していた会社と週2回勤務の業務委託契約を結び

〝半〟個人事業主として独立しました。

サラリーマン時代同様、SCM業務、方針管理に関するヘルプデスク的な役割や会社のサポート窓口などリリーフマン的業務を〝半〟個人事業主として担当するとともに、今までのサラリーマン時代のSCM業務経験を「社内塾」としてオリジナルの社内講座にまとめ、社内での若手指導にも活用してきました。

こうした2年間の〝半〟個人事業主としての活動ののち、65歳からは〝半〟個人事業主時代に商品化してきた後進指導講座をカスタマイズして、個人事業主として活動の幅を広げています。

〝半〟個人事業主になったきっかけ・ステップ ※本人談

・中国赴任中から会社の制約に縛られずに自ら好きなこと、得意な業務に取り組みたいという思いがあり、60歳から65歳の期間をそのためのソフトランディング期間と考えていました。**63歳のときに自ら会社に提案して週2日勤務の〝半〟個人事業主として独立しました。**

・日常業務に追われる中で、日頃から自らの活動内容を週報（Weekly Report）としてまとめて周囲の関係者に配布するなど、自らの日頃の活動状況・結果を「見える化」することを50代後半から意識していました。〝半〟個人事業主の期間では、こうしてサラリーマン時代にコツコツとコンテンツ化していた自らの経験・知識を伝承することで後進指導の領域でも貢献できればと思っていました。

・フルタイムの嘱託勤務では、日頃の日常業務に追われ、なかなか自由な時間が確保できず新たな知見を得るための勉強もできませんが、**収入は減るもののあえて週2日勤務を申し出ることにより、自由になる時間が確保でき、〝半〟個人事業主から個人事業主につながる準備ができました。**

これからチャレンジする人へのアドバイスなど ※本人談

・定年後の独立については、さほどハードルも高くなく、家族など周囲からのプレッシャーも少ないので、事前準備をしておけば**それほど恐れることはありません。**再雇用の場合には給与も下がり65歳で終了という限られた雇用になるので、独立に失敗してもそれほど大きなリスクにはなりません。**「うまくいけば儲けもの」くらいの感覚で十分**だと思います。

・これが若年層（55歳以下）の場合は、継続的な安定収入が得られなくなるリスクもあるため、その対応資金（軌道に乗るまでの生活資金や子どもの教育費など）を準備するなど、ある程度のロードマップは描いておく必要があります。

・やはり、「生活がかかっている」という切羽詰まった状況での個人事業主化は余裕もなくなり売り込み中心になりがちです。**60歳定年前後のスタートだとガツガツすることもなく、結果としてうまくいくような気がします。**

・定年後の〝半〟個人事業主化の場合で、再雇用時代と同じフルタイム契約では意味がありません（それでは実質は何も変わらない）。**収入は減りますが、週2日・週3日勤務などを会社には提案すべきです。**60歳以降にこうした自分で自由に使える時間があるかないかで大きな差が出ます。

・勤務する会社が働き方に関しては柔軟な考え方を持っていたこともあり、それほど大きなフリクションもなく個人事業主化を受け入れてもらえました。

・**会社に〝半〟個人事業主提案を受け入れてもらうためには、自分がどんなことをできるかを「見える化」しておくことがポイントです。**そのためには、50代から今までの経験・スキルを棚卸し、自身のUSP（ユニーク・セリング・プロポジション）を3つでも5つでも見つけ出し、意識的に磨いておくことが大切です。その際には、今までお付き合いのあった人たちの棚卸も重要になります。

・リリーフマン型の〝半〟個人事業主の場合には、**特に周囲**（雇用で働いていたときの**上司のみならず同僚、部下）との関係性は重要です。**「教えてやる」ではなく、「要請に応えてサポートさせていただく」という謙虚な気持ち、姿勢が必要です。

・自分の場合には、「自分の今までの経験・スキルを使って役に立ちたい」という気持ちとともに、趣味である株式投資やマージャンの時間を確保したいという目的もありました。**「特にこれがやりたい、時間を使いたい」ということがない人は、無理にキャリアを変える必要もなく、定年後再雇用のレールに乗りつづけてもいいと**思います。

・65歳から始めてもできないことはないかと思いますが、**できる限り早く、遅くても定年前の55歳くらいからは自分の「ひかりもの**（売りもの）**」は「見える化」しておく必要があります。**65歳になると孟子の言葉「水は低きに流れ、人は易きに流れる」の通りチャレンジする気持ちが薄れてきます。

・収入面では積極的に事業を拡大していくつもりはさほどないため、**年金受給を含めて従来水準（サラリーマン時代）を確保できればよしとしています。**この点は、世代による差が大きいです（若い世代ではそんなのんびりしたことは言っていられません）。

・繰り返しになりますが、60歳定年以降であれば子どもの教育も終わり、年金支給もあるので、それほど恐れることはありません。ただし、社会保険などの手続きはすべて個人での手続きになるので、その点は事前に覚悟しておく必要があります。

・会社の縛りがなくなり、自身の時間を有効に活用できることが個人事業主化の最大のメリットです。**職種に限らずに提供サービスをきちんとメニューにして会社の理解を得られれば、〝半〟個人事業主化は十分にできる**と思います。

解説

50代後半から個人事業主として働くことを意識して準備してきた事例です。自らの経験・知識・スキルを「見える化」して、それを週報で広く発信するなど個人事業主の前段階準備としてはお手本のようなステップを踏んでいます。

また、63歳のときに個人事業主提案を自ら申し出ていますが、その際に**あえて週の勤務日数を2日間に減らして提案**されているのも注目すべきポイントです。「収入は減りますが、週2日・週3日勤務などを会社には提案すべきです。60歳以降にこうした自分で自由に使える時間があるかないかで大きな差が出ます」とのコメントには筆者もまったく同感です。

今後「〝半〟個人事業主→個人事業主」化を目指す場合には、平日に動けないことは致命的です。収入が減ることを考えるとどうしてもためらってしまいがちですが、ここはぐっと我慢して、収入は下がっても自由に動くことができる日を設けておくことは重要です。この自由な時間を使って新たな情報収集をしたり、新たなクライアント拡大の時間に充当します。

【事例3】会社が個人事業主として働くスキームを構築。定年間際で新制度にエントリーし個人事業主への道を踏み出す

キャリアの概要

新倉昭彦さん（62歳）は、大学卒業後、新卒で電通に入社しました。50代前半までは国内営業や海外赴任を含む海外営業部門の第一線で活躍し、50代前半にフィリピンから帰任後は人材開発・組織開発の領域でキャリアを積みました。

定年直前の59歳（２０２０年）のときに電通が新しく立ち上げた新たな働き方に関する仕組み「ライフシフトプラットフォーム（LIFE SHIFT PLATFORM）」（以下ＬＳＰ）にエントリーします。

ＬＳＰとは、具体的には次のようなスキームです。
電通社員だった新倉さんは、電通を退職したうえで個人事業主となり、電通の子会社として設立されたニューホライズンコレクティブ（New Horizon Collective）合同会社（以下ＮＨ社）という会社と２０２１年1月より業務委託契約を結びました。

新倉さんをはじめ個人事業主（またはひとり法人社長）となった元電通社員のメンバーは、ＮＨ社から一定の安定した報酬を得ながら、その報酬に応じた業務を提案・実施し、個々人で「これまで培った専門性を活かす仕事」「これまでとはまったく別分野だが、ずっとやりたかったこと」や「なかなか踏み出せなかった新しい事業」などに取り組むというスキームです。

新倉さんの独立当初の委託業務の１つは、電通社内の研修事務局業務です。営業局の若手研修の１つとしての越境学習（自社だけではなく他社社員も参加する若手の勉強会）の運営事務局を引き継ぎ、研修企画、参加企業間の調整・連携業務などに従事しています。人事局時代の人脈も利用し、参加メンバー企業の開拓も担当するなど、リリーフマン型の業務委託で個人事業主としての活動をスタートしました。

また、独立1年目は海外営業時代の経験・人脈を活かし、電通営業局からの依頼を受け、外資系企業への営業サポートにも従事。シンガポールの外資系企業との商談セット、商談進行などの営業サポートを担当するなど、こちらもリリーフ型のサポート業務を担いました。

ＮＨ社の設立当初（２０２０年11月頃）から、ＮＨ社が業務委託をするＮＨメンバー約２３０名を対象に学びの機会を提供する「アカデミー」部門のクルーとして、年間１００件近くの研修・ワークショップの企画・運営に従事し、講師としても登壇（スペシャリスト型）しています。

リリーフマン型から開始し、コーチングスキルなども活かしつつスペシャリスト型サポートにも業務領域を拡大して個人事業主として活躍しています。今後も、「人・組織・社会を元気に！」をミッションとして、人材開発（研修・コーチング）・組織開発・社会貢献促進（ファンドレイザー）活動に邁進していきたいとのことです。

〝半〟個人事業主になったきっかけ・ステップ ※本人談

・直接のきっかけは定年退職直前に電通内に個人事業主制度（上記ＬＳＰ）が導入されたことです。すでに社内でのフリーエージェント型再雇用（定年後再雇用制度の一種）を選択するつもりでしたが、申し込み上限年齢ギリギリで個人事業主制度へエントリーし、業務委託により仕事を行なう個人事業主として独立することにしました。

・定年後再雇用制度に乗れば、金額は減るものの安定した収入・雇用と社会的地位が保証されます（フリーエージェント型再雇用であれば、それなりの年収も確保される。新倉氏は、フリーエージェント型でもオファーがすでにあった）。そうした中でそれをはるかに下回る60歳以降の最低保証の年収となる**個人事業主制度に踏み出すにはやはりかなり勇気が必要でした。**

・50代前半でフィリピンでの海外駐在から戻ったあと、担当役員から「これからのキャリアは自分で探してくれ」という宣告を受けたことから60歳以降のキャリアの方向性について考えはじめ、60歳以降も〝自力で食っていけるキャリア〟を模索しはじめました。

・国家資格（社労士・中小企業診断士）の勉強など、さまざまなチャレンジをしたうえで、「営業×人材開発、組織開発」の掛け算を自分のキャリアの軸にしていくことを決め、定年前から周辺領域での積極的な勉強を開始しました。50代半ばにキャリアコンサルタントやビジネスコーチの資格を取得して、その資格を使った副業も始めていました。

これからチャレンジする人へのアドバイスなど ※本人談

・今までの経験を「見える化」して「何が商売の武器になるか」を突き詰める。**武器がなければ今から学んで獲得していく気持ちが必要です。**

・初めは、リリーフマン型から始めて領域を自社だけでなく外部に広げていく。**いつまでも元の会社に依存する完全リリーフマン型はリスクがあることを理解しておきます**（相手先の窓口が変わるなど、環境変化でいつ契約終了になるかわかりません）。

・たまたま元会社に個人事業主応募のスキームができたことは追い風でした。こうした条件があったからかもしれませんが、独立してからの率直な感想は、**「もっと早くから独立準備を始めておけばよかった」**というものです。

・**時間が自由になることが個人事業主になっての最大のメリットです**（自分で時間をコントロールできる）。また、ちょうどコロナ禍でオンライン中心での業務になっていたため、時間・場所にこだわらずに仕事ができるようになったこともよかったです。

・**いい意味で公私の区別がつかなくなりました。**どちらが大事という意識がなくなりました（どちらも大事）。

・やったことが収入に反映されます。**特に、人生後半で勉強したコーチングや人材開発・組織開発の勉強がお金に変わり、実績として積み上がっていく感覚は、シニア世代のサラリーマンでは得られないやりがいになっています。**

・家族からは大きな反対はありませんでした。私がサラリーマンとして悩む姿を見てきており、子どもの教育費も目処がつきはじめてきていたことも大きな反対を受けなかった理由です。

・収入の変化としては、正社員時代の収入に対して独立1年目で50％くらい、独立2年目に70％を超え、独立5年以内（年金をもらえる年齢になるまで）に１００％を超えたいという目標を立てています。

解説

新倉さんが勤務していた電通の個人事業主募集のニュースは、その当時（２０２１年）は大きな話題になりました。その制度に定年直前でエントリーした１人が新倉さんですが、名前の通った大企業に長年勤務されたサラリーマンゆえの踏み出しの難しさを話されています。

定年間際になると、どうしても行動は保守的になりがちです。「電通にこうした制度ができたから転身できたのだろう」と思いがちですが、実際に電通の大看板を捨てて個人事業主へ踏み出した方は、約６０００人の従業員の中でわずか２３０人弱です（募集条件があるので、全従業員が応募できたわけではありません）。

新倉さんの場合も、50代に海外赴任から戻ったときから自分でキャリアを考える必要性を痛感し、準備を始めています。こうした準備なくしては、制度にタイミングよくエントリーはできません。プランドハップンスタンス理論（キャリアというものは偶然の要素によって8割が左右される。偶然に対してポジティブなスタンスでいるほうがキャリアアップにつながるという理論）でいう偶然を活かすためにはこうした事前準備が必要です。

なお、新倉さんが関与している「ライフシフトプラットフォーム」では、個人事業主的な活躍推進のために電通以外の企業との連携や、（トライアル段階ですが）電通だけではなく他企業出身の個人事業主へもプラットフォームを導入するなど、新たな取り組みを始めています。個人事業主的な働き方に興味を持つ方は、一度ニューホライズンコレクティブ合同会社のホームページ（https://newhorizoncollective.com/）をご覧になるとよいでしょう。

【事例4】

幼稚園教諭からスタートし保育士としての現役性を維持しつつ、個人事業主として研修、施設運営サポートなど幅広い業務に従事する

キャリアの概要

小森恵美さん（62歳）は、幼稚園教諭からキャリアをスタートしました。ご自身の子育て時期は、いったん保育園に子どもを預けて幼稚園に勤務するという生活を送りましたが、子どもの入園式に自分が仕事で参加できなかったことをきっかけに転職。しばらくは子育てを優先し非正規という形で子どもにかかわる仕事をしてきました。

子育てもある程度終わり、45歳からは都内の社会福祉法人にて常勤で0歳児担任の

保育士として働くことになりました。翌年からは新規開園の園長をまかされて、法人内でもその後複数園の開園準備や職員採用を事業部長という肩書で担い、保育士だけでなく事業運営にかかわるような領域にも携わってきました。

その後別の会社に転職し、ベトナムの保育幼稚園の園長先生への日本の保育制度などに関する研修も担当し、国内でも職員研修や園長研修、保育園の開園や運営、閉園にかかわる業務など多岐にわたる経験を積んだ幼児教育の専門家です。

61歳のとき、今まで勤めていた会社との関係を雇用契約から業務委託契約に変更し、個人事業主として独立。独立後は、現役保育士として雇用で勤務しつつ、個人事業主として園長研修やベビーシッター、園長サロンの運営など幅広く活躍しています。

"半"個人事業主になったきっかけ・ステップ ※本人談

・コロナ禍で基本在宅勤務となり、家庭である程度自由が増え、研修の講師もオンラインですることが多くなりました。もともと雇用契約が年俸制だったため、雇用関係が続く中での在宅勤務は、「毎日何をやっているか?」と疑念を持たれることもあり、仕事内容というよりその拘束が嫌だったことと、加えて自身の年齢のことも考えると、65歳までに違う仕事の仕方にシフトしたいと思いました。

・60歳の誕生日をすぎたあたりから、65歳まで仕事ができる場所を考えはじめていました。退職するタイミングやきっかけがないまま1年をすごしましたが、2022年8月に東京都主催の東京セカンドキャリア塾のことを偶然知り、申し込みました。そこで10月に本書の著者、木村さんの講義を受けました。当初は転職を考えていたのですが、この受講をきっかけに個人事業主としてのキャリアチェンジを考えはじめました。

・退職に際しては会社の慰留も強く交渉に時間はかかりましたが、11月から今の会社は退職し、引き続き業務委託として仕事を継続させてもらうことを提案し、承諾されました（2023年2月まで）。業務委託がいったん終了した翌月の3月から個人事業主として正式に開業し、本格稼働を開始しました。

・会社に、雇用ではなく今の仕事を業務委託という形にしてもらうことに前例がなかったので大変でした。家族は応援してくれていたので、大きな問題はありませんでした。しかしながら、私が家計を支えていたため、収入面での不安は多少ありました。とはいえ、いざとなれば働き口があることはわかっていたので（雇用になりますが)、最悪の場合は転職という保険はありました。

これからチャレンジする人へのアドバイスなど ※本人談

・1人であれこれ考えているよりも、東京セカンドキャリア塾のような、同年代が学ぶ場所で自分自身のことを考えるとよいと思います。今後のいろいろな生き方の情報を収集するだけでも価値があります。

・1人ではなかなかできないことも、話せる仲間を持つことでハードルが解消されることもあります。新しいことにチャレンジするのもいいでしょうが、今までのキャリアを活用しての個人事業主化は、社会的にも「改正高年齢者雇用安定法」の主旨にも合致し、これから受け入れられやすくなるのではないでしょうか。

・キャリアチェンジしてよかったことは、次の6つです。

①自分の今までのキャリアを活かせること
②やりたかったことができること
③仕事の幅や人とのつながりが広がったこと

④社会貢献できる時間ができたこと
⑤毎日が楽しい
⑥好きなこと、やりたいことを仕事にして、生涯現役で活躍していきたいと思うようになったこと

・収入面では、雇用されていたときよりも減りましたが、いろいろな仕事を組み合わせたら生活は普通にできる状態です。
・青色申告など税務関係の知識がないので、アプリを使っても大変でした。まだ、個人事業主になったばかりなので、まだこれからいろいろ課題も出て来ると思います。

解説

小森さんは、筆者も講師を務めた東京都主催の東京セカンドキャリア塾への参加をきっかけに個人事業主という働き方を知り、実際にその後勤務先に業務委託契約を提案し、個人事業主としてスタートを切りました。

業務委託契約の締結は、相手先の元勤務先も初めてということもあり、調整には苦労されたようですが、「業務委託に形態は変わるが仕事は継続する」ということで折り合いがついたそうです。特に人手不足の業界の場合、「会社を辞められると困る」と断られるケースもこれから予想されますが、業務委託で従来の仕事は継続することを丁寧に説明することで受け入れてもらえるケースも多いでしょう。

小森さんの事例で特徴的なところは、個人事業主に固執することなく状況に応じて柔軟にさまざまな形態で勤務していることです。

たとえば、現在は保育園側の要請（保育園運営上の定員確保のため）により、保育士として「雇用」でも働いていますが、それ以外の場合には「個人事業主」として働いています。筆者も業務委託契約がメインではありますが、一部パートタイマーとして働いています。こうしたクライアントの要請に応じて柔軟な対応を取れることも個人事業主の強みです。

【事例5】

60歳からの再雇用時に週3日の勤務を会社に提案。65歳からは雇用から業務委託に切り替え73歳の現在も業務継続中

キャリアの概要

Aさん（73歳）は、新卒で損害保険会社に入社し、国内営業、海外駐在など国内外で管理&ライン業務の経験を積んできました。49歳のときにＦＰ（ファイナンシャルプランニング）に興味を持ち、個人的に勉強を開始し、自ら手をあげて系列のＦＰ会社（従業員２００名）に移籍されました。

移籍後は、取引先企業でのライフプラン研修の講師やＦＰ資格取得推進事務局の運営を担当し、60歳の定年を迎えましたが、趣味の声楽の時間を確保するために当時は

制度としてはなかった週3日間の再雇用（原則はフルタイム再雇用）をAさん側から会社に提案して受諾されました。

その後65歳の再雇用期限終了後の際には、契約を雇用から業務委託契約に切り替え、73歳の現在も個人事業主として現役でライフプラン研修の講師の仕事を続けています。

"半"個人事業主になったきっかけ・ステップ ※本人談

・自分以外に担当業務ができる人材がほかにいなかったこともあり、双方の希望で業務委託での契約を65歳以降も続けることになりました。会社も自分も双方WIN－WINの関係です。
・個人で営業をする必要はなく、元いた会社からの要請にしたがって業務を行なう形であったのでスムーズな独立が図れました。

これからチャレンジする人へのアドバイスなど ※本人談

・キャリアチェンジしてよかったことは、次の2つです。

①趣味の声楽練習の時間が確保できたこと、
②単身赴任が解消されたこと（関係会社に移籍したことにより）

・これからチャレンジする人へのアドバイスは次の11個です。

①自分のキャリアの目的・目標から逆算してキャリア戦略を練る（キャリアスケジュールの作成が有効）
②会社で必要とされる領域は何か見極める（隙間を埋める仕事が長続きする1つのポイント）
③将来のお客様はこの移籍した会社なので、実務のスキルを磨くことや勉強が重要
④定年再雇用終了後は、どうしてもお客様もプロパー社員を選びがちになることは覚悟しておく
⑤遅くても定年後再雇用の時期からお客様の信頼を得ておくこと
⑥50代前半からばくぜんとでもいいから方向性を定める
⑦55歳から本格的な準備（ＯＪＴ＆外部での最新知識収集や活用する資格獲得）
⑧60歳で舵を切る
⑨健康が大切（替えがいない）

⑩ **勤務先（将来のクライアント）が求める業務・人材は何かを考える**
⑪ **指示待ちではダメ、自分で行なう部分が多い（確定申告など）**

・収入面については、多額の収入を得ることを当初から目的にしていませんでした。現役時を100％とすると40％程度です。年金などに手を付けずに、趣味の費用は個人事業主の収入で対応するイメージです。
・70歳をすぎてからは、雇用で働く後進への引継ぎが増えてきたことは想定外でした。

解説

Aさんのケースで特徴的なところは、「趣味の声楽のために時間を確保する」という目的を中心にキャリアを考えている点です。その目的実現のために実際60歳以降の再雇用のタイミングで制度はないものの「週3日間勤務の再雇用」を提案し会社からも了解されています。

60歳の再雇用時には、まだ会社側も機が熟しておらず業務委託を提案しても断られるケースもあるかもしれません。その場合には、再雇用で週3日などフルタイム以外の働き方を提案することも1つの戦略です。雇用で週の勤務を5日から3日に変えることは、「雇用」の枠組みで対応可能なので、会社も受け入れてくれる可能性が高いです（もちろん収入は稼働日に比例して減額になりますが）。

Aさんのように、やりたいことが明確でそのための時間確保を第一優先にする場合には、自由度の高い個人事業主という働き方は有効です。「その目的を達成するためにはどのような働き方がふさわしいか」という視点で働き方を考えることも参考になります。

【事例6】
65歳から関係会社の知人からの声かけで個人事業主として働き始め、74歳の現在も継続中

キャリアの概要

Bさん（74歳）は、長年大手化学メーカーの研究畑で働いてきたエンジニアです。56歳から職種間異動でまったく畑違いのキャリア開発（従業員の出向・転籍などキャリアチェンジを社内で支援する仕事）に仕事が変わりました。

対応する相手は、思いもよらない出向や転籍話を上司から聞いて厳しい表情でキャリアの相談に来るシニア社員たちです。プライドの高いシニアエンジニアの社員も、依頼人に寄り添い、話をじっくり聴いてくれるBさんの話であれば話を聞き入れてくれます。根気強く足を運び、社員を受け入れてくれる出向先の開拓にも力を入れ、長

年携わってきた研究領域とは１８０度異なるキャリア開発の仕事でも成果をあげてきたのがＢさんのキャリアです。

定年後も再雇用制度により引き続きキャリア開発の仕事を続け、社内ルールの通り65歳で終了となりました。そのタイミングでＢさんのエンジニアとしての実力を知る関係会社から声がかかりました。社内制度上「雇用」では難しいが、業務委託契約であれば可能ということで、専門領域の技術分野の文献調査や調査レポート作成の業務を当初オファーされました。

そのうちＢさんは当初の文献調査のみならず、ベテラン社員のキャリア相談を通じた組織風土改革のサポートまで依頼されるようになりました。社員の話をきちんと受けとめ、相談に真摯に乗ってきたＢさんの人柄や信頼感を見込んでの依頼です（50代から65歳まで担当してきた第二のＢさんの専門領域でもあります）。

サラリーマンを辞めて個人事業主となった当初には関係会社での業務委託契約と並行して1年間大学で特任講師を務めるなど、今まで培った経験・知識の若手への伝承活動にも力を入れてきました。担当領域は減らしてもらっていますが、74歳の現在も現役で業務委託契約を継続しています。

"半"個人事業主になったきっかけ・ステップ ※本人談

・個人事業主として働くことになったのは、自分からではなく自分をよく知る関係会社に勤務する元同僚からの声かけによるものです。短期の研究開発に若手は精一杯で中長期の課題については手つかずの状態だったところを、ラインとは少し離れた立場で調査・研究してもらいたいという要請でした。もともと自分は研究畑であり、専門領域に関しては知見も人脈もあったため、お手伝いさせてもらうことになりました。

・途中からは並行してベテラン社員の面談とキャリア開発も担当することになりました。若手とベテラン間には意識の違いもあり、新領域への研究の踏み込みなどに対しても温度差がありました。お互いの意思疎通がうまくいっていない部分もあり、自分がその仲介役のような役割を担うことになったのです。やはり、ある年齢にならないとできない仕事があります。また、役員や管理職はベテラン社員よりもずっと年下になり、上司とベテラン社員とのコミュニケーションが取りにくくなることもありました。自分には研究職としての経験もあり、またキャリアの後半ではキャリア開発というシニア社員を相手に仕事をしてきたことが上記のような役割には活きました。

これからチャレンジする人へのアドバイスなど ※本人談

・自分の場合は、「意思を持って個人事業主に積極的にチャレンジした」という感じではなく、関係会社のほうから要請があり、ただその要請に応えただけというのが事実です。業務委託という契約も在籍した会社（大企業）では難しかったかもしれません。

・個人事業主として働き続けることの一番のメリットは現役性を保てることです。再雇用終了で会社を離れると多くのサラリーマンは、業界動向や技術動向などにアクセスできなくなり、どうしても現役性が薄れてきます。私の場合は、業務委託という形でつながってきたので、世の中で何が起こっているのか、何が課題なのか、といった事実をリアルに感じることができるのは大きな強みです。衰退したと思われた技術領域に再び脚光が当たることもあります。自分の専門領域でも同様なことが起こっていますが、その領域に関する経験・知見を持っている社員が社内では減少しているため、かえって重宝されることもあります。

・社内パソコンも使え、(世代は変わりましたが)現役世代の社員と打ち合わせを行なう機会もあり、人とのつながりという面でも何らかの関係を維持できていることは大きなメリットです。再雇用で終了の場合には、ほとんどの場合で組織や人とのつながりは切れてしまいます。

・関係会社の人材開発を始めた頃に、現役時代に手掛けた出向先など10数社を挨拶のため訪問しました。久々に再会したOBたちの多くが元気に活躍しており、その会社の社長さんなど上司からも感謝の言葉をいただいたのは、思わぬサプライズで、この仕事にやりがいを感じた機会でした。

・多いときには週4日ほど通ったこともありますが、現在は月1回の打ち合わせと自宅での文献調査という当初の仕事に戻りました。業務委託契約の場合には、こうした業務量の調整ができるのも大きなメリットです。66歳から1年間は大学特任講師として学生支援を行ないましたが、これは副業・兼業禁止も関係ない個人事業主だからできることです。

・報酬契約は、「調査報告書を提出していくら」という方式が基本になっています。

収入的にはもちろん現役時代には及びませんが、自分の専門領域での知識・経験を活かせることはお金には代えがたい満足感・貢献感のようなものがあります。収入的にも確実に年金のプラスアルファになっており、業務委託で働き続けられることは働き甲斐&収入の両面で大きなメリットになっており、満足しています。

・「声をかけてもらっていることを意気に感じて自分の知見・貢献を活用することで恩返しする」という意識が長続きするポイントです。あまりガツガツ仕事をやろうと意気込むと失速しがちです。

解説

65歳まで再雇用で働くという点は多くのサラリーマンと一緒ですが、**65歳以降もBさんの実力・人柄などをよく知る関係会社から声がかかり、74歳の今も働き続けている〝半〟個人事業主の典型のような方がBさん**です。

Bさんの勤務してきた会社は日本でも有数の化学メーカーですが、話の中にも出て来たように大企業ほどまだまだ柔軟な対応は難しい傾向にあります（業務委託で働く制度がまだできていない、指揮命令のコンプライアンスリスクについて法規部がNGを出す、意思決定に時間がかかるなど)。

筆者の場合もそうなのですが、今まで勤務してきた会社だけではなく、**自分のことをよく知る知人が在籍する中小規模の関係会社をターゲットにしたほうがうまくいくケースが多い**です。規模も小さい関係会社のほうが、柔軟な制度運用が可能な場合が多く意思決定も早いです。

また、人手不足が大企業以上に深刻で背に腹は代えられない場合も多く、個人事業主を受け入れるニーズも整っています。関係会社であれば社風も人脈も似ている部分が多く、今までの経験をそのまま使えます。

「再雇用→再雇用終了後、自分をよく知る関係会社と業務委託契約を締結→働きたいうちはいつまでも」というルートは**これから増えてくる〝半〟個人事業主ルートの王道になる**と筆者は考えています。

【事例7】
40代で個人事業主として独立。以前の勤務先でご縁のあった人から声がかかり、マルチに活躍

キャリアの概要

Cさん（40代女性）は、長年大手機器メーカーの人事部に勤務され、採用、研修など人事の実務領域で経験・スキルを磨いてきました。キャリアの途中からはHRBP（Human Resource Business Partner」の略。経営者や事業責任者のビジネスパートナーとしての視点から、組織の成長を促す戦略人事機能）の担当として事業経営に近い視点での人事経験を持っています。

幅広く人事領域でキャリアを積む中、40代に入ったあたりからさまざまな制約のある組織の中で忙しく仕事を続けることに何となくモヤモヤとしたものを感じるように

なり、40代前半で独立し、個人事業主として新たなキャリアをスタートしました。

モヤモヤとしたものを感じるようになってからは、自社だけでなく積極的に外部のワークショップや研修にも参加し、個人事業主の方々とも日常的なお付き合いができたことも独立するあと押しになったとのことです。退職時には、具体的なクライアントはまったく決まっていませんでしたが、焦ることなく、まずは自己啓発の時間に充当することを優先し、キャリアコンサルタント資格の勉強を開始し無事取得しました。

キャリアコンサルタント資格を取得したタイミングで偶然、元いた企業の子会社の知り合いから業務委託でのキャリア面談の仕事の依頼があり、〝半〟個人事業主として本格的に仕事を開始しました。当初、業務委託契約の内容はキャリア面談でしたが、その後は今までの人事経験を活かし、研修講師など幅広い領域のサポートを現在も継続しています。

〝半〟個人事業主として活動を続ける一方、以前の会社でのCさんの人柄、働きぶりをよく知る別の知人からも声がかかり、現在は複数のクライアント企業と業務委託契約を結び個人事業主として活躍の場を広げています。

〝半〟個人事業主になったきっかけ・ステップ　※本人談

・退職した企業と関係のある会社と業務委託契約を結んで働くことは退職時にはまったく想定していませんでした。退職の際にお世話になった方々へは直接お会いして挨拶などさせていただいたことで自分が独立したことが認知され、結果として退職した会社の子会社と業務委託契約を結んで仕事をすることになりました。当初から〝半〟個人事業主を狙って活動していたわけではありません。

・〝半〟個人事業主として当初はキャリア面談業務で契約を結びましたが、実際に仕事を開始すると研修講師なども依頼されるようになりました。在職中に幅広い人事領域の経験を積んできたことが業務委託契約内容の幅の拡大につながっています。

・子どもが小学生となっていたこともタイミング的にはよかったです。当時は、保育園の在園条件が厳しく、もし雇用ではなく自営になったら退園しなければならなかったかもしれず、子どもが保育園に在園している時期であったら個人事業主として独立はしていなかったと思います。

これからチャレンジする人へのアドバイスなど ※本人談

・「独立ありき」ではなく、自分のキャリアの方向性を実現するためにどのような働き方が望ましいかを考えたほうがいいです。自分の場合は、転職して雇用で働くのであれば、従来同様組織のルールの中で働くという状況は変わらないので転職という選択肢は考えませんでした。

・個人事業主になってよかったことは働く時間を自分で決められるようになったことです。子どもと一緒にすごせる時間も増え、成長の過程を身近で感じることができました。子どもの時期は一時であり、その貴重な時期をともにできたことはよかったです。

・自分の場合は、これといった営業活動はしていません。自然体でのお付き合いの継続が結果として仕事につながっています。自分の実力や人柄を知っている人との仕事がメインのため、ストレスを感じることもサラリーマン時代よりも少なくなり、独立して本当によかったと思っています。

解説

60歳定年や65歳再雇用終了というシニア世代から〝半〟個人事業主の道へ踏み出す人が多い中で、ミドル世代（40代）で個人事業主にキャリアチェンジしたのがCさんです。Cさんの場合は、「退職即独立」というルートは取らずに将来に向けた武器（キャリアコンサルタント資格）を獲得すべく、退職直後に自己啓発の時間を取っていることが特徴的です。

Cさんは、個人事業主という方向性は決まっていましたが、「元会社（の関係会社）と仕事をすることは、独立当初は想定していなかった」そうです。しかし、実はこのキャリア相談という領域ほど〝半〟個人事業主が実力を発揮できる領域はないと、筆者は個人的に思っています。相談する社員も同じ会社に勤務する社員カウンセラーにはなかなか本音を話しにくいのです。その一方でまったく外部のカウンセラーでは社内事情や状況に疎く現実的なアドバイスはできません。

このように**「社内にいてはやりにくいが、事情を知らないまったくの社外の人間で**

は無理」といった領域は、これから〝半〟個人事業主の業務スコープとなります。皆さんのまわりにこうした領域の仕事はないでしょうか。誰も行なっていない場合には、そこはあなただけのブルーオーシャン市場になり得ます。

【事例8】

OB会事務局という特定業務で会社と業務委託契約を締結し、再雇用期限を超えて勤務を継続。会社との契約終了後もその間に準備したFP業務で個人事業主として活躍

キャリアの概要

ガス・空調・電気設備工事などを手がける企業（従業員数1500人）で長年勤務してきたDさん（75歳）は、現業部門から50歳のときに人事部門に配属され、組合との労使交渉の窓口業務、企業年金制度（退職金制度の改定・退職給付会計）業務、シニア社員に対するライフプランセミナーの企画・講師を担当してきました。

57歳のときに早期退職制度により退職。そのまま契約社員として64歳まで雇用（業

務内容は現役時代と同じ）され、さらに65歳から67歳まで業務委託契約を結び、ＯＢ会の事務局業務を担当しました。67歳到達後の３月末で今まで業務委託を締結してきた会社との契約は終了していますが、その後もシニアキャリア支援の一般社団法人事務局、ＦＰ講師など幅広く活躍しています。

〝半〟個人事業主になったきっかけ・ステップ ※本人談

・64歳で雇用契約満了にともない退職することになりましたが、ＯＢ会事務局業務のみを担当する約束で、業務委託契約を締結しました（週２日勤務）。契約社員時に担当していた業務を継続したことで、スムーズに運びました。

これからチャレンジする人へのアドバイスなど ※本人談

・キャリアプランを立てることは大事なことですが、ライフプラン（将来やりたいこと、ありたい姿を考えておく）設計を立てることも大事です。それを前提とした、資格の取得や情報収集などが必要です。

・考えることも必要ですが、まず動くことが大事です。社員のライフプラン作成の支援のためにと60歳のときに1級ファイナンシャル・プランニング技能士や宅地建物取引士の資格を取得したことが、現在個人事業主として活動できている基礎になっています。
・現役時代とは収入は比べようもありませんが、働くことで、健康によく、生きがいが持て、社会的なつながりを持てることのほうが大きいと感じています。
・個人事業主になる際、家族は「働いていたほうが健康にいい」「経済的にも助かる」とのことで、特に反対はされませんでした。
・現役時代に、知識としては知っていましたが、雇用契約から外れることで健康保険料が生活費に相当負担をかけることになりました。これは想定外でした。

解説

Dさんが業務委託で仕事をしたOB会事務局という業務ですが、こうした仕事はおいそれとほかの人に頼むことはできません。相手は会社の大先輩です。うるさ型のOBもいます。事務局の対応を間違えると、それこそ現役の役員にまで文句が届きかねません。

このOB会事務局のような仕事こそ業務委託で担うべき仕事です。フルタイム5日間までの業務ボリュームはありませんが、OBをよく知った今までの担当者をいきなり外すわけにはいきません。OBからクレームが来ることも予想されるからです。もし、あなたが現在担当している業務の中でこうした業務がある場合には、個人事業主としての提供サービスの1つになります。第1章で解説したリリーフマン型〝半〟個人事業主の典型事例です。

また、Dさんの場合には、雇用ののちに個人事業主として働いた経験があることが、その後のFP講師など雇用以外で働くことの事前準備になっています。個人事業主として必要な確定申告や請求書発行などの手続き業務は、すでにOB会事務局の時代に経験済みだからです。

【事例9】

採用業務という限られた領域で業務委託契約を締結し、個人事業主として独立

キャリアの概要

Eさん（70歳）は、新卒で電気メーカーに就職、人事、採用、教育、労務、安全、法務、渉外、経理、庶務など主に管理部門の業務を担当してきました。54歳から関連会社に転籍。55歳から取締役として管理部門全般を担当し、定年後の60歳から嘱託社員として業務改善、法務業務を担当。63歳から採用、教育業務を担当し、64歳から雇用ではなく業務委託で採用業務を担当しました。現在は親族の会社の支援をしつつ個人事業主として活躍しています。

“半”個人事業主になったきっかけ・ステップ ※本人談

・会社からの依頼で開始。採用業務経験を活かして高校卒、および大学技術系の採用業務を委託されました。会社から委託されたのでスムーズに移行できました。また、業務委託契約でしたが、担当部長の肩書で活動できたため、採用活動もスムーズにできました。

これからチャレンジする人へのアドバイスなど ※本人談

・当初の契約は1年間（週5日勤務）でしたが、会社がM＆Aとなり8カ月の期間となりました。その後は、親族の会社経営を手伝うとともに一般社団法人役員、キャリア研修講師など個人事業主として継続できていますが、**経営環境の変化（M＆Aなど）で契約終了などがあり得る**ことは頭に入れておく必要があります。

・役員経験者は65歳まで必ずしも雇用が保証されているわけではありませんでしたが、業務委託に切り替えることによって、それまでの経験と大学教授などの人脈を活かして65歳まで働くことができたのはよかったです。

・何が役に立つかわからないので、積極的に多様な経験を積み重ねることと人脈（特に会社外）作りは重要です。**同じ会社から委託を得たいのであれば、60歳以降の収入減とは関係なく真摯に業務を行なうことが大切です。**

・雇用契約や委託契約などの契約形態で、処遇などは変化しますが、働く価値や考え、取り組み方は変わらないと思います。自分の人生を楽しく豊かにできる働き方をすればよいでしょう。

・収入面では、嘱託時の金額で委託されたので変化はありません。さらに、通勤時の交通費も別途支給され、特別支給の老齢厚生年金も支給になったので、総額として増加しました。ただ、健康保険は企業健保を継続したため、企業負担分がなくなり、社会保険料の支払いは増加しました。

解説

Eさんは、関係会社の役員まで務められた方です。役員経験者の中には、長年の指揮命令癖が抜け切れず、実務はまったくできなくなっているという人も多いですが、Eさんの場合は60歳で役員退任後には進んで実務の現場に降りて実務の磨き上げを図ってきました。こうしたスタンスが65歳まで採用の領域で会社から頼りにされた理由です。

特に技術系の採用活動や高校生採用の場合は、大学研究室の先生や高校の就職担当の先生とのつながりも重要です。また、役員として採用する側の視点（最終面接を担ってきた）も持っているので、実務経験と役員経験の両方の経験を活かすことが期待できる領域です。

また、M&Aなどの経営環境の変化で突然契約が終了となるリスクがあることをEさんの事例は教えてくれます。雇用されている場合には、労働契約法などの法律で解雇などに対して厳しい条件がついていますが、業務委託契約をベースとする個人事業主にはそうした制限はありません。契約期間が満了になれば、そこで契約は自動解約です。個人事業主として働く際には、こうした契約打ち切りのリスクがあることを常に頭に入れておく必要があります。

以上、雇用から個人事業主へと実際に働き方をシフトさせた方々の事例を９つ紹介させていただきました。筆者が人事畑ということもあり、人事領域の事例に偏った傾向はありますが、事例でも多くの方が担われていたリリーフマン型〝半〟個人事業主はどんな職種でも適用可能です。

また、**中小企業・ベンチャー企業ほど①人手不足への対応が喫緊の課題となっており雇用での人材確保が困難になっていること、②組織がシンプルであるがゆえに既存の人事制度にこだわることなく必要に応じて迅速な意思決定ができること、もあり個人事業主化に対して柔軟な傾向があります。**

しかしながら、読者の皆さんが大企業勤務の場合でもあきらめることはありません。個人事業主という働き方には第１章でも解説した通り時代の風が吹いています。また、今の勤務する企業では実現できなくても、ご自身の実力や人柄などをよく知る関係会社などに目を向けることで〝半〟個人事業主化は十分実現の可能性はあります。

人生１００年・現役80歳時代の新しい働き方実現のために紹介させていただいた事例を参考にしていただければと思います。

番外編のまとめ

・業界として特定領域（たとえば人事、経理、法務など）に専門人材がいないケースでは、「必要なとき・必要なだけサービスを提供する」個人事業主的なサービス提供にニーズがある。

・会社に個人事業主として業務委託契約を提案するときは、収入は減ることを覚悟のうえで週2日・週3日勤務などを条件に盛り込み、新たな情報収集や新たなクライアント拡大のための時間を設けるようにする。

・〝半〟個人事業主として業務委託契約を結ぶ相手（会社）は、今まで勤務してきた会社だけではなく、自分のことをよく知る知人が在籍する中小規模の関係会社をターゲットにしたほうがうまくいくケースが多い。また、規模も小さい関係会社のほうが、柔軟な制度運用が可能な場合が多く意思決定も早い。

・キャリア相談のように「社内にいてはやりにくいが、事情を知らないまったくの社外の人間では無理」といった領域は、これからの〝半〟個人事業主の業務スコープ。

・中小企業・ベンチャー企業ほど「①人手不足への対応が喫緊の課題となっており雇用での人材確保が困難になっている」「②組織がシンプルであるがゆえに既存の人事制度にこだわることなく必要に応じて迅速な意思決定ができる」ので、個人事業主化に対して柔軟な傾向がある。

おわりに

最後まで本書をお読みいただきありがとうございました。

２０１７年5月に出版した私の初めての著書『働けるうちは働きたい人のためのキャリアの教科書』（朝日新聞出版）の中で提唱させていただいた「シニアからの個人事業主化」を自らの経験を踏まえ、そのプロセスをより具体的かつ現実的に解説したのが本書になります。

日本のシニア世代は、高度成長期という時代の恩恵も受け、終身雇用制という長期でのじっくり時間をかけた人材育成法によりキャリアを積んできました。実際に30年間のサラリーマン生活の中で一緒に仕事をしてきた先輩や同僚は、筆者とは比較にならないほど経験豊富で卓越したスキルを持つ優秀な方々ばかりでした。

こうした優秀な人材がシニアになるにつれ、活躍の場を失い、長年時間をかけて培ってきたその分厚い知識や経験を活かすことなく引退していく姿を見て「これは日本にとっても社会的な損失だ」との思いを以前から強く持っていました。一般社団法人定年後研究所とニッセイ基礎研究所の共同調査（２０１８年）によると、役職定年によるシニアサラリーマンのモチベーションダウンによる経済損失は、１兆５０００億円にもおよぶとの調査結果もあります。

前著『ミドルシニアのための日本版ライフシフト戦略』（ＷＡＶＥ出版）の中で共著者の多摩大学大学院名誉教授の徳岡晃一郎先生は、「青銀共創」社会の到来を予想されています。「青銀共創」社会とは、台湾のＩＴ担当大臣であるオードリー・タン氏が、世代間の助け合いを重視する価値観を表現する言葉として使っているものです。

われわれシニア世代も若手から「働かないオジサン」とお荷物扱いされている暇はありません。環境変化のスピードもその変化幅も大きい時代であるがゆえ、われわれシニア世代が率先して新たな働き方にチャレンジし、若手では対応できない業務ニーズ（過去の経験が必要な領域、戻りがあるゆえに雇用での欠員補充ができない育児休業者欠員サポートなど）に応えていく必要があります。

今まで培ってきたスキル・知識・経験を有効に活用し、大企業と中小企業間あるいは中央と地方間などの人的アンマッチを解消することもわれわれシニアの役割です。
また、２０１９年に大きな話題となった「年金２０００万円不足問題」に対しては、自力で稼ぐ力を持った「働けるうちはいつまでも働ける」個人事業主化こそが唯一の解決策と筆者は思っています。

就業規則のもと、どうしても一律的な取り扱いを強いられる従来の雇用だけでは会社も働く側もめまぐるしく変化する社会ニーズに臨機応変な対応はできません。読者の皆さんには、ぜひ本書の内容を参考にしていただき、「〝半〟個人事業主」（そしてさらには〝半〟が取れた個人事業主へ）への道に踏み出していただければと思います。

最後になりましたが、今回執筆という機会を与えていただき、企画からスケジュール管理まで終始的確なアドバイスにより、本書を完成まで導いていただいた日本実業出版社の荒尾宏治郎様、編集者の貝瀬裕一様にこの場を借りて御礼申し上げます。

２０２３年10月　木村 勝

木村　勝（きむら　まさる）
リスタートサポート木村勝事務所代表、中高年専門ライフデザインアドバイザー、電気通信大学特任講師、行政書士（杉並支部所属）。1961年生まれ、東京都出身。1984年、一橋大学社会学部卒業後、日産自動車に入社、長年人事畑を歩み続ける。本社・工場人事部門を経て、全員が人事のプロ集団という関係会社に転籍。中高年の第2の職業人生を斡旋する部門の部長として、出向転籍業務に従事。2014年に独立し、人事業務請負の「リスタートサポート木村勝事務所」を開設。独立後の現在も特定の人材紹介会社に所属することなく、ニュートラルな立場で自分の会社の人事部には相談できないミドルシニアビジネスパーソンのキャリアの悩みに対して、個人面談やセミナーなどを通じて支援している。著書に『働けるうちは働きたい人のためのキャリアの教科書』（朝日新聞出版）、『知らないと後悔する定年後の働き方』（フォレスト出版）、『会社を辞めたいと思った時に読むセカンドキャリアの見つけ方』（ビジネス教育出版社）などがある。

今《いま》いる会社《かいしゃ》で「“半《はん》”個人事業主《こじんじぎょうぬし》」になりなさい

2023年11月20日　初版発行

著　者　木村　勝　
発行者　杉本淳一

発行所　株式会社日本実業出版社　東京都新宿区市谷本村町3-29　〒162-0845
編集部　☎03-3268-5651
営業部　☎03-3268-5161　振　替　00170-1-25349
https://www.njg.co.jp/

印刷／理想社　製本／若林製本

ISBN 978-4-534-06058-7　Printed in JAPAN